La Morale religieuse et métaphysique

et

La Morale laïque

PAR

M. Charles LEJEUNE
Avocat
Membre de la Société d'Anthropologie de Paris
de la Ligue française de l'Enseignement
de la Société pour l'Éducation sociale, etc.

Prix : 1 fr. 50

PARIS (5ᵉ)

V. GIARD & E. BRIÈRE
LIBRAIRES-ÉDITEURS
16, Rue Soufflot et 12, Rue Toullier

1903

La Morale religieuse
et métaphysique
et
La Morale laïque

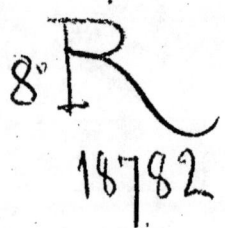

La Morale religieuse et métaphysique

et

La Morale laïque

PAR

M. Charles LEJEUNE
Avocat
Membre de la Société d'Anthropologie de Paris
de la Ligue française de l'Enseignement
de la Société pour l'Éducation sociale, etc.

Prix : 1 fr. 50

PARIS (5ᵉ)

V. GIARD & E. BRIÈRE
LIBRAIRES-ÉDITEURS
16, Rue Soufflot et 12, Rue Toullier

1903

LA MORALE RELIGIEUSE ET MÉTAPHYSIQUE
ET LA MORALE LAÏQUE (1)

> « L'enseignement de la morale à l'école, n'est que le développement de l'idée religieuse déposée chez l'enfant par le prêtre. »
> ISSAURAT.

La morale est l'ensemble des règles de conduite que les hommes ont cru bon d'adopter pour faciliter leur vie en société. Il est donc tout naturel que cette morale ait varié selon l'idéal que les hommes se sont fait d'une société organisée et c'est en effet ce que nous montre l'évolution parallèle des sociétés et des morales. Quelle que soit l'indignation feinte ou sincère que certains civilisés manifestent à l'idée qu'il puisse y avoir plusieurs morales, il faut être aveuglé par la foi, la passion ou l'éducation pour mettre sur le même rang la morale d'un australien, d'un jésuite ou d'un libre penseur. Dans les sociétés primitives, aussitôt que les monarchies et les religions se furent constituées en s'appuyant l'une sur l'autre, et cette alliance s'est continuée jusqu'à nos jours, les règles morales furent imposées au nom du prêtre et du monarque. C'est de ces temps lointains que vint l'habitude de donner à la morale une origine divine, parce qu'à ces époques d'ignorance et de foi, c'était la meilleure manière de faire accepter de gré ou de force des règles de conduite.

L'importance de la morale dans l'éducation a été comprise par tous les grands conducteurs de peuples, qui réunissaient les pouvoirs civils et religieux. Tous se sont emparés de l'homme dès sa naissance, ont formé son esprit, l'ont suivi dans toutes les circonstances les plus importantes de la vie et ne l'ont même pas quitté après la mort. C'est là la raison d'être du « laissez venir à moi les petits enfants » qui, sous l'apparence d'un sentiment de bienveillance et d'amour pour les petits, est tout le programme qu'une

---

(1) Communication faite à la société d'anthropologie de Paris le 12 octobre 1902.

longue observation a démontré comme nécessaire à ceux qui veulent dominer et commander. Qui dirige l'esprit de l'homme le possède tout entier.

Les origines de la morale, ses modifications selon les temps et selon les peuples, sont démontrées jusqu'à l'évidence dans le livre de M. le D¹ Ch. Letourneau : « *L'évolution de la morale* ». Mais ce que nous devons regretter, c'est que ce livre, comme celui d'Eugène Véron : « *La Morale* » et tant d'autres, soient encore proscrits par notre Université et que leurs principes soient toujours combattus dans nos écoles et dans nos classes de philosophie, où l'on a la prétention d'apprendre à penser aux jeunes gens. On ne s'y prendrait pas autrement si l'on voulait étouffer chez eux tout exercice de la raison.

Si l'on veut réellement, comme le prétendent nos ministres de l'instruction publique et comme c'est l'intérêt évident de l'Etat républicain, nous donner des générations de citoyens raisonnables, détachés de toutes les erreurs des temps passés, sachant réfléchir et penser par eux-mêmes, il n'est pas de devoir plus pressant que de rompre franchement avec tous les dogmes pour apprendre aux enfants à n'admettre comme vérité que ce qui est démontré par la science basée sur l'expérimentation. Pour arriver à ce résultat, il est nécessaire que les données de l'anthropologie soient admises à vivifier les programmes de l'enseignement comme de tous les autres arts.

Ch. Letourneau, en exposant la théorie de l'imprégnation de la cellule nerveuse, nous montre : qu'elle garde la trace des actes fonctionnels qui se sont accomplis dans son sein. « Spécialement pour la moralité, on peut dire que chaque individu déprave ou moralise sa postérité comme il a été dépravé ou moralisé par ses ancêtres. » C'est le meilleur argument que l'on puisse invoquer pour démontrer la nécessité de moraliser l'enfance.

Puisque la très grande majorité, sinon la totalité des enfants est soumise dès les plus jeunes années à l'action déprimante des clergés, qui apprennent à l'enfant à croire tout ce qu'on lui dit, même les absurdités, sans examen, sans réflexion, comme vérité révélée, comme la parole d'un Dieu, d'autant plus respectable qu'elle est plus incompréhensible et plus miraculeuse, l'éducation de l'Université devrait avoir pour but de mettre un peu de lumière dans ces pauvres cerveaux obscurcis par l'éducation religieuse, dans cette pâte molle qui reçoit et conserve si facilement les premières empreintes.

Si je me demande comment cette funeste intervention du prêtre peut être si vivace, il me semble qu'en dehors des raisons d'hérédité et d'habitude, qui ont certainement leur grande influence, il en est une autre qui n'est peut-être pas moins agissante : c'est la loi du moindre effort, que l'on trouve partout dans la nature. Ce n'est pas une petite tâche pour les parents que d'élever un certain nombre d'enfants, et de même qu'on emprisonne trop souvent encore les membres de l'enfant dans un maillot, ce qui le rend immobile et dispense de le surveiller, ainsi aussitôt que l'enfant est capable de pensée le prêtre ou la sœur sont là, dans les asiles ou ailleurs, qui viennent arrêter son essor naissant. A tous les *pourquoi* de l'enfant, qui sont si intéressants à étudier pour un observateur, ils ont des réponses toutes prêtes qu'ils imposent au nom d'un Dieu, qui punit ou récompense comme les parents et c'est la crainte qui va tempérer la curiosité si naturelle de l'enfant. Les parents qui, il faut le reconnaître, sont trop souvent sollicités par le dur labeur du dehors, trouvent tout naturel et bien commode que l'on apprenne à leurs enfants à obéir sans réplique, ce qui les dispense de se donner la peine de répondre à des questions parfois embarrassantes, auxquelles souvent ils ne se rappellent pas avoir pensé eux-mêmes, et ils font tout pour venir en aide au prêtre et tuer dans l'œuf toute manifestation de curiosité ou de critique, qui pourrait les gêner. C'est ainsi que se perpétuent et se soutiennent de génération en génération ces déplorables principes d'éducation des parents et des prêtres, qui n'ont pour base que l'autorité et la crainte.

Quand vient l'heure de mettre l'enfant ainsi préparé à l'école ou au collège, va-t-on le libérer de cette oppression et tenter de réparer le mal qu'ont déjà produit sur son jeune cerveau ces regrettables procédés du commandement et de la peur ? Je montrerai qu'on n'en fait rien et qu'on aggrave encore ce qui avait été si malheureusement commencé. Peut-être cette loi du moindre effort a-t-elle ici encore son influence, car plus l'enfant grandit plus il veut savoir, plus il montre d'indépendance et plus la tâche du maître devient difficile ; pour la rendre plus facile il n'y a qu'à continuer ce qu'on a toujours fait, à fortifier ces principes d'autorité et d'obéissance auxquels les enfants sont déjà si bien dressés. L'instituteur et le professeur vont se liguer avec le prêtre pour ne faire appel dans l'instruction de l'enfant qu'à la mémoire et pour imposer des doctrines toutes faites sans jamais exciter l'intelligence, en amenant l'enfant peu à peu, de déduction en déduction à avoir la satisfaction de trouver par lui-même des solutions, ce qui est la meilleure excitation à recommencer et à jouir du développement de ses facultés.

L'instruction dite laïque continue donc l'éducation paternelle et religieuse et l'aggrave. La mère a amusé l'enfant avec des contes de fées, le prêtre lui a imposé ses mystères et l'a effrayé avec les menaces de l'enfer, l'école va confirmer l'enseignement de l'église en insistant sur l'existence d'un Dieu auteur de l'univers, tout puissant et tout bon, qui récompense et qui punit, envers lequel on a des devoirs de reconnaissance et à qui l'on doit adresser des prières sur la terre pour que l'âme soit heureuse dans la vie future. Or l'enfant connaît tout cela, l'histoire sainte lui a parlé du Dieu, qui a créé le monde en six jours, l'homme à l'âge de 30 ans et la femme tirée d'une côte « surnuméraire » de l'homme. Le Dieu des philosophes spiritualistes, c'est celui de M. le curé ; la récompense et la punition, cela se reçoit dans le paradis ou dans l'enfer et les prières qu'il faut adresser au bon Dieu pour ne pas rôtir pendant l'éternité, ce sont celles qu'on apprend au catéchisme ; tout cela se tient, se continue, se fortifie réciproquement et il faut véritablement qu'un enfant ait une extraordinaire force de caractère pour penser à se dégager de ce long passé d'hérédité et de dressage personnel et, y pensant, pour s'en affranchir.

La philosophie spiritualiste a la prétention de remplacer avec avantage les religions, qui ne résistent pas à l'examen consciencieux des penseurs. En établissant que les deux morales ne diffèrent pas entre elles, j'aurai prouvé que l'État a le devoir de les rejeter l'une et l'autre pour enseigner les principes d'une morale rationnelle. Toute dimension qui fera avancer cette solution contribuera à l'une des réformes les plus profitables à l'avenir de notre pays. Ce sera mon excuse pour exposer des considérations qui sont certainement en grande partie connues.

Je tacherai de montrer :

1° Par quelques exemples tirés des ouvrages de M. Paul Janet, qui sont plus particulièrement répandus dans les établissements d'instruction de l'Etat, ce que la morale qu'on y professe a d'immoral et d'irrationnel, car il me semble que cette constatation ne sera jamais assez faite, ni jamais assez répandue, tant que le programme actuel ne sera pas changé.

2° Ce que cette morale a produit jusqu'à nous.

3° Comment il serait bon de la comprendre.

4° Et ce que nous pouvons espérer de l'avenir.

I. La Morale scolaire.

Dans ses Éléments de Philosophie scientifique et de Philosophie morale, destinés à l'enseignement secondaire, publiés en 1890, M. Paul Janet énumère les différentes classifications des sciences depuis Aristote jusqu'à Auguste Comte. Il réfute celle de Bacon en disant qu'il n'y a aucune analogie entre l'histoire naturelle et l'histoire civile ou de l'homme. Il admet la division de la philosophie en trois grands objets : Dieu, la nature et l'homme.

Il reproche à Descartes de ne pas établir une suffisante démarcation entre la physique et la métaphysique.

La classification d'A. Comte absorbe les sciences morales dans les sciences physiques, elle supprime la recherche des causes premières.

Quant à la classification naturelle des sciences de M. L. Manouvrier, discutée au congrès de Paris en 1889, il n'en est pas dit un mot et l'anthropologie ne fait pas non plus partie des sciences d'après notre auteur, qui n'en parle nulle part.

« L'homme, par son organisation physique, fait partie du monde animal, mais *il est certain* qu'il se distingue des autres animaux par ses caractères essentiels ».

« On appelle faits moraux de la nature humaine ceux qui ne peuvent jamais être atteints directement par les sens et qui ne sont connus qu'intérieurement par celui qui les éprouve, par exemple la pensée, le sentiment, la volonté ».

« L'avertissement intérieur, qui accompagne chacun de nos actes intérieurs, s'appelle la conscience ».

« Le principe intérieur, qui s'attribue chacun de ces actes intérieurs et qui se traduit par le pronom de la première personne, s'appelle le *moi* ou le sujet ou enfin l'âme ».

Il néglige de nous dire si la pensée existerait chez un individu privé de sens ou de cerveau. Ce serait le moment de discuter le : *nil est in intellectu quod non prius fuerit in sensu*, de Condillac et d'expliquer les modifications produites dans le moi par les altérations pathologiques de l'encéphale, qui peuvent réduire l'homme à un état de beaucoup inférieur à celui de l'animal sain.

« Les sciences morales ont pour objet les lois du monde immatériel et principalement les lois de l'esprit humain ».

Il oublie de démontrer l'existence d'un monde immatériel, c'est une pure affirmation sans preuve, qui est en contradiction avec sa recommandation « d'éviter toute espèce d'idées préconçues, préjugés ou préventions ».

En physique : « Il ne faut pas attribuer à l'axiome : *rien ne vient de rien*, un sens métaphysique ; il a un sens physique et signifie seulement que la nature étant donnée, rien ne s'y crée, rien ne s'y perd (*sauf par miracle*) ; et il ne signifie pas que la nature existe par elle-même et n'est pas l'œuvre d'un créateur ».

A propos de la doctrine de l'unité des forces : « Tous les phénomènes physiques tendent à se traduire en phénomènes mécaniques et on suppose qu'ils pourraient bien n'être que les modes divers du mouvement. Toutefois, ce ne sont que des hypothèses ».

« L'hypothèse de Laplace sur l'origine du système solaire... n'est pas contraire à la croyance d'un ordre intellectuel dans l'univers. La question n'est que reculée. La nébuleuse c'est déjà l'ordre et elle est séparée du chaos par un abîme ».

Quand on comprend si bien le recul des questions, on devrait se demander qui a créé le créateur.

Sur le transformisme de Lamark, P. Janet affirme « qu'on n'a pas constaté que le besoin puisse créer un organe », mais il omet de parler des travaux de Hœckel sur ce sujet et M. A. Viré a démontré, dans une conférence transformiste faite en 1902 à la société d'Anthropologie de Paris, que le milieu produit des différences spécifiques chez les animaux des cavernes, qui ont autrefois vécu à la lumière. Il paraît que l'on vient de trouver dans une caverne d'Amérique des poissons absolument dépourvus d'organes de la vision.

« Tous les instincts sont des habitudes héréditaires, mais une modification d'instinct, fut-elle répétée, ne peut se transmettre par hérédité. »

Il semble bien cependant que l'habitude des castors du Rhône de se construire des terriers pour échapper plus facilement aux chasseurs, soit un instinct transmis par hérédité, ce qui ne détruit pas la portée de l'acte intelligent qui a fait adopter par leurs ancêtres ce moyen de défense.

« Leibnitz, ce véritable fondateur de la doctrine, n'a jamais séparé l'évolution et le progrès des causes finales. »

Mais Leibnitz n'était pas infaillible et nous avons bien le droit de préférer la doctrine de H. Spencer.

En ce qui concerne l'hypothèse de Turgot et de Condorcet sur la perfectibilité humaine, P. Janet dit que : « cette croyance est devenue au XIXe siècle une passion, une croyance, une religion. Mais cette croyance peut être cause de mort, le désir du mieux amène à voir le mal dans ce qui est, le bien dans ce qui n'est pas et peut se transformer en une fièvre incurable de destruction. »

Toute cette première partie consacrée à la philosophie scientifique se résume en affirmations qui doivent se passer de preuves et qui sont imposées à l'enfant comme articles de foi, en négations des principales découvertes de la science moderne, dans la crainte évidente que les esprits ne tournent vers le matérialisme, en omission de l'anthropologie, bien entendu, mais encore dans l'oubli de tous les arguments qui seraient susceptibles d'éveiller la pensée et de développer le jugement. C'est le procédé théologique soigneusement conservé par l'Université et d'autant plus dangereux qu'il a la prétention d'être émancipé de la religion et de s'adresser à la raison. Nous avons fait du chemin depuis la scholastique, mais ce n'est pas dans le sens du progrès, honni par notre auteur et nos enfants auraient avantage à revenir à Abeibard et à Bacon.

Passons à la philosophie morale :

« C'est l'observation intérieure qui nous découvre en nous-même la loi morale... L'observation extérieure nous montre mêmes idées et sentiments chez les autres. »

Cette assertion est démentie par toute l'évolution mentale de l'humanité et nous serions curieux de la voir justifier par une revue des idées morales de tous les peuples actuels : Fuégiens, Hottentots, Chinois, Européens, ce qui ne veut pas dire que certaines coutumes de races que nous considérons comme inférieures, ne valent pas mieux que les nôtres au point de vue moral.

« La moralité consiste surtout dans les principes de nos actions. Une moralité extérieure toute d'habitude ou d'imitation n'est pas la vraie moralité ».

Il est bien étrange de considérer ceux qui ont l'habitude de se bien conduire comme ayant moins de moralité que ceux qui ne le font que par intermittence. Je sais bien qu'il y aura plus de joie au ciel pour un pécheur qui se repent que pour cent justes, mais c'est le cas de rappeler à M. P. Janet ce conseil de traverser les bois la nuit avec un homme de bien d'habitude plutôt qu'avec un bandit, qui luttera contre son penchant à le tuer pour le dévaliser.

« Il faut avouer que l'âme est quelque chose de distinct du corps puisque, à quelque profondeur que l'on pénètre dans l'intérieur des organes, on ne trouvera rien qui lui ressemble. »

En pénétrant dans le cerveau d'un animal on ne trouvera rien non plus qui ressemble à une âme, M. Janet sait sans doute comment elle est faite, et s'il était logique il devrait en conclure que l'homme et l'animal ont une âme, ou plutôt qu'ils n'en ont ni l'un ni l'autre.

Etrange raisonnement qui, de ce qu'on ne voit pas l'âme, conclue à son existence. Mais ce que peut faire l'anatomiste, c'est en ôtant la troisième circonvolution frontale gauche du cerveau, supprimer la faculté de la parole, dont certains savants ont fait la caractéristique de l'espèce humaine.

La fonction de l'estomac est de digérer, une des fonctions du cerveau chez l'homme comme chez l'animal est d'enregistrer des sensations et de produire de la pensée, ce sont des produits différents, c'est toute la différence.

« Les phénomènes de la matière sont en général susceptibles de mesure, mais aucune mesure ne représente la dignité, la noblesse, la délicatesse et leurs contraires ».

Ainsi parce qu'il est difficile de mesurer la bassesse, elle serait d'un ordre supérieur à la circulation du sang.

« L'âme est en quelque sorte double comme l'homme lui-même ; par un côté elle se rattache au corps, par un autre elle s'élève au-dessus. »

C'est étonnant comme les gens qui n'ont jamais vu l'âme la connaissent bien. Ils savent qu'elle a plusieurs côtés dont l'un se rattache au corps et l'autre s'élève au-dessus. C'est une forme et une position qui ne manquent pas d'étrangeté. Mais c'est bien là une réminiscence vivace des idées que l'on s'est ingénié à se faire de l'âme mi-corporelle, mi-spirituelle depuis la lointaine Chaldée jusqu'à nos jours en passant par l'Egypte, les Grecs et les Latins.

« La dualité se manifeste également dans la sensibilité. D'un côté sont les intérêts qui nous attachent aux plaisirs des sens, de l'autre ceux qui nous portent aux plus pures jouissances de l'âme. »

Mais le chien est fidèle et affectueux pour son maître et il goûte les plaisirs des sens, il a aussi la double sensibilité.

Je ne vois pas bien l'homme moral mettre le besoin de la nourriture après l'amour du beau : ventre affamé n'a pas d'oreilles. En quoi l'amour conjugal est-il moins noble que l'amour des hommes ? Il est à souhaiter que l'on commence par le premier, car le second n'aurait plus d'objet.

« Il y a aussi deux modes d'activité : l'instinct fatal et aveugle et la volonté libre et éclairée. »

C'est toujours l'orgueil de l'homme à qui son développement intellectuel fait croire qu'il est d'une nature différente de l'animal.

Quant à la liberté, on sait qu'elle est toute relative et que l'individu agit forcément dans le sens des penchants qui dominent en lui d'après sa nature, son milieu, sa moralité.

« Au fond, comme dit Bossuet, il n'y a qu'une seule inclination, l'amour, avec son contraire, la haine. »

Cette idée sent bien le théologien qui veut que l'on torture tous ceux qui ne croient pas à son Dieu.

« Le principe de toutes les inclinations de l'âme c'est l'instinct d'activité, qui s'appelle amour de la liberté ou amour du pouvoir. Il faut y ajouter l'estime de soi et l'émulation. »

Tous les animaux sauvages ont l'amour de la liberté et les grands singes au moins ont l'amour du pouvoir. Un chat qui attrape un rat a l'estime de soi et son voisin aura l'émulation d'en faire autant. Les animaux ont donc aussi une âme, ce serait le moment de faire un retour vers l'animal pour montrer qu'il diffère de l'homme par nature.

« Les inclinations sociales se résument dans la philanthropie. Pour les groupes plus restreints, il y a l'idée de Patrie, très complexe : Il y entre à la fois l'idée du sol qui vous a vu naître ; l'idée de ceux qui habitent ce sol, l'idée d'une langue et d'une histoire communes ; d'une même religion, d'un même gouvernement, etc. Tous ces éléments ne se rencontrent pas toujours à la fois, mais plus ils sont nombreux plus l'idée de patrie est ferme et solide et plus fort le sentiment qui y correspond, le patriotisme, auquel on oppose le cosmopolitisme quand on considère tous les hommes comme membres d'un même état. »

Avec cette définition les Alsaciens-Lorrains n'auraient pas été complètement nos compatriotes puisque beaucoup parlaient une autre langue. C'est la théorie allemande, qui n'est défendable à aucun titre. Les protestants et les juifs ne seraient pas autant nos concitoyens que les catholiques. C'est avec ces germes semés et cultivés dans les jeunes esprits que l'on arrive à ce retour de haines religieuses qui sera la honte de notre époque. L'exemple de la Suisse contredit ces affirmations. En réalité la nationalité ne devrait dépendre en bonne morale que du libre consentement des hommes et le cosmopolitisme n'est que l'idée de patrie étendue à toute la terre. Mais c'est précisément cela qu'oublie de nous dire le professeur. Rappelons ici que l'abbé Deguerry disait en 1869 à la

Madeleine : « Sans doute la patrie est une grande chose, mais la vraie patrie, c'est l'Eglise. »

« L'homme est encore lié à un monde supérieur, purement intelligible, dont les objets, quoique non saisissables aux sens, n'en sont pas moins réels *et même sont les plus réels de tous*. C'est à cet ordre supérieur que se rapportent le sentiment religieux et l'amour du vrai, du beau et du bien. »

Si rien ne vient au cerveau que par les sens, ce qui est prouvé par l'expérience, comment l'idée de Dieu n'en viendrait-elle pas ? Dieu, après le pur fétichisme, a été imaginé comme un homme plus puissant que les autres, l'amour du vrai a été d'abord le désir de sa protection, on l'a fait beau pour lui être agréable et on a appelé bien tout ce qui était utile à son adorateur. Jamais on n'a pensé au début et même depuis à lui demander autre chose que ce qui était agréable aux sens, ce qu'exigeaient les besoins de défense et de conservation, santé et richesse.

« Toutes les religions des peuples sauvages sont surtout des actes inspirés par la terreur de certaines puissances inconnues, mais la crainte n'est que le plus bas degré du sentiment religieux. »

Comment ne pas voir que tous les peuples ayant été sauvages, cette crainte a été la graine qui a produit l'arbre si touffu des religions et que l'adoration d'une puissance supposée infinie n'est qu'une transposition dans l'autre vie de la crainte du chef sur la terre. La raison n'a rien à voir dans la croyance à la divinité, c'est le résultat d'une illusion.

« Nul doute qu'un sauvage ne peut se donner les idées, les sentiments, la conscience morale des peuples civilisés. »

« La conscience n'est pas infaillible, elle passe par différents degrés, elle est droite, éclairée, ignorante, erronée, douteuse, probable. »

Les idées innées sont donc différentes chez les sauvages et les civilisés. On ne s'explique guère les différents degrés d'une conscience donnée par un seul dieu à une seule humanité, quand il eut été si facile au tout puissant et tout bon de la donner semblable à tous. On ne voit pas bien l'utilité d'une conscience qui n'est plus une règle certaine. Ne vaudrait-il pas mieux convenir que la morale a été faite uniquement pour les différents besoins des hommes.

« Comme on est souvent aveuglé par sa conscience, il est bon de chercher un directeur de conscience chez les plus sages. »

Nous ne sortons pas de la religion, c'est le confesseur.

« Pour qu'il y ait mérite, il faut qu'il y ait difficulté ».

Mais la difficulté sera en raison de la moralité de l'individu, moins il aura de moralité plus il aura de difficulté et plus il aurait de mérite. A ce compte la moralité n'aurait pour effet que de diminuer le mérite, est-ce acceptable ?

Ne pas admettre que l'on puisse faire le bien sans lutte, c'est nier que l'habitude puisse se transmettre par l'hérédité et se maintenir par le milieu. Il suffit qu'une chose nous paraisse nécessaire pour entraîner notre volonté.

« Le bien est le perfectionnement de soi-même, qui a pour limite la perfection. »

Le bien serait plutôt ce qui est le plus utile à l'humanité, ce qui est d'une autre portée morale.

« La perfection absolue est en Dieu seul. »

Encore un produit de l'imagination.

« Les facultés de l'homme ne sont que ce que les fait la société : en dehors d'elle, il ne serait qu'un animal. »

Voici une constation bonne à retenir, mais qui ne s'accorde guère avec la définition de l'homme : corps uni à une âme d'essence divine, car si c'est la société qui a fait l'âme, nous ne sommes pas loin de nous entendre.

« L'homme doit donc autant à la société qu'à lui-même. »

Si la caractéristique de l'humanité est uniquement dans la sociabilité, qu'on ne peut refuser aux abeilles et aux fourmis, ce n'est plus l'*os sublime*, le langage articulé, l'intelligence, la religiosité, etc... ce qui démontre l'embarras où l'on est de trouver cette caractéristique.

Je m'étonne que l'on n'ait pas encore pensé à l'instinct de la guerre. En effet il y a bien des duels chez certaines espèces animales, comme il y a d'ailleurs chez nous, à l'occasion du besoin génésique, mais en dehors de ce cas spécial, je ne vois pas que dans une même espèce animale il se livre de grandes guerres dynastiques ou religieuses. Il y aurait une exception pour les fourmis, si l'on voulait les considérer toutes comme de même espèce, mais alors nous aurions encore le privilège des guerres de religion et cela me paraît bien caractéristique de l'humanité.

« Sans doute le renoncement au plaisir des sens est une vertu, mais il ne faut pas qu'il aille jusqu'à compromettre la santé. »

Encore une maxime de théologie. Comme on doit tendre à toutes les vertus, il serait bon de vivre dans le célibat sans compromettre sa santé, je n'insiste pas.

« Les biens de l'âme comprennent au degré supérieur le culte du vrai, du beau, de la perfection souveraine : la science, l'art, la religion. »

Toujours la religion indispensable à la supériorité.

« Ce qui distingue l'homme de l'animal... c'est d'être capable de penser, d'aimer et de vouloir. »

Mais qui peut douter que le chien pense, que le pigeon aime et que les animaux veulent ?

« Par rapport à Dieu, le bien s'appelle le pieux ou le saint et consiste à rendre au père des hommes et de l'univers ce qui lui est dû. »

On trouve cela dans tous les catéchismes avec les formules d'actions de grâces.

« Si l'homme n'était que pure raison et pur amour (comme on dit que sont les saints), il se porterait aussi naturellement vers l'honnête, le saint et le juste qu'il se porte aujourd'hui vers le plaisir ou vers l'utilité. »

Je ne savais pas que le saint fut pure raison, je croyais qu'on arrivait à cet état en annihilant sa raison pour croire à tous les mystères.

Prendre pour but de s'élever au-dessus du plaisir et de l'utilité, c'est l'ascétisme et la paresse religieuses, ce qui n'exclue pas la mendicité.

« L'obligation d'obéir à la loi morale pour elle-même, c'est le devoir. »

Il est bon de remarquer que Kant avoue n'avoir jamais vu agir l'impératif catégorique et c'est sur cette négation qu'on prétend fonder une loi générale.

« Le caractère de la loi morale, c'est d'être absolu et universel. »

Comment peut-on s'exprimer ainsi quand on compare les mœurs des différents peuples dans le temps et dans l'espace. Tout ce qu'on peut désirer, c'est que l'on se rapproche de plus en plus d'une morale utile à l'humanité.

« La satisfaction morale et le remords n'ont plus de sens dans la morale de l'utilité. »

Quel que soit le principe, l'habitude sociale dictera la conduite à tenir et produira la satisfaction ou le remords.

« Les peines et les récompenses futures n'ont plus de raison d'être.

Nous considérons que l'acte n'étant plus un marché gagnera beaucoup en moralité. Pour les religions la sanction est précise, il est regrettable que la métaphysique ne nous dise pas quelle est la nature de la récompense ou de la punition qui est réservée à l'âme immortelle.

« Au point de vue pratique, il sera toujours sage de montrer que la plus grande habileté consiste dans l'honnêteté. »

Faisons entrer cette idée, qui est vraie et réconfortante, dans les esprits et les bons résultats en découleront tout naturellement. Pour la société l'action seule importe et tout motif qui pousse à bien faire est bon.

M. Paul Janet prétend que « l'institution du mariage a été inspirée par l'intérêt de la femme et pour la protection du plus faible. »

C'est une explication enfantine et erronée. L'expérience et l'évolution nous montrent que le mariage est sorti de la jalousie et de l'égoïsme du mâle, qui a voulu garder pour lui sa femelle, qu'il traitait en bête de somme.

« Puisque c'est un devoir pour l'esprit de ne se soumettre qu'à l'évidence, il faut que ce soit en même temps un droit. »

Jamais l'évidence ne sera plus claire que lorsque l'on ne s'appuiera que sur des faits d'expérience ayant une base scientifique.

« L'enseignement a pour but d'apprendre à penser et à se conduire par soi-même. »

Nous sommes d'accord sur le but, mais le moyen n'est pas d'im-

poser aux enfants des idées toutes faites et une métaphysique ne reposant que sur une hérédité religieuse, qui fausse les esprits.
« Le bien et le bonheur ne sont pas en harmonie dans la vie actuelle... il faut une sanction supérieure. »

« L'immortalité de l'âme est une vérité qui ressort comme un corollaire de ces deux propositions : 1° il y a dans l'homme une âme distincte du corps ; 2° toute sanction terrestre de la loi morale est insuffisante. »

La première proposition n'étant pas démontrée scientifiquement, au contraire, la conséquence tombe d'elle-même. La sanction terrestre est suffisante pour les gens de moralité supérieure, l'insuffisance n'existerait donc que pour la moralité inférieure et la deuxième proposition est au moins inexacte.

L'âme n'est pas distincte du corps d'après la science, il est donc naturel qu'elle périsse et c'est une raison de plus pour faire le bien car après la mort il ne sera plus temps.

Il serait désirable qu'il y eût plus d'harmonie entre la vertu et le bonheur, comme il le serait que personne ne naquît idiot ou aveugle, mais quelque nécessité qu'il y ait pour l'homme à être intelligent, il n'en est pas moins vrai qu'il y a des imbéciles et il n'y a nulle raison de croire qu'ils seront intelligents quand ils seront morts. Tous les raisonnements des philosophes ne changeront rien à ce qui est.

« Dieu. La nécessité d'une sanction exige un postulat indispensable : c'est l'existence d'un être suprême, juge de l'homme et garant de la loi. C'est cet être que l'humanité appelle Dieu. »

Cette conception de l'imagination, « la folle du logis » de Malebranche, n'est pas démontrable. D'après ce raisonnement Dieu n'existerait pas pour ceux qui n'en sentent pas le besoin.

« Mais ce n'est pas seulement la nécessité d'une sanction qui conduit à Dieu, c'est l'instinct universel et le besoin de trouver une cause à l'ordre du monde, tant l'ordre physique que l'ordre moral. »

Les religions étant très anciennes et l'instinct n'étant qu'une longue habitude transmise par l'hérédité, nous admettons que ce soient l'instinct et la tradition qui perpétuent le sentiment religieux.

Mais on sait comment ce sentiment est né et sa généralisation n'a aucune valeur probante. Il est remarquable que les philosophes spiritualistes dédaignent l'instinct comme étant le propre de l'animal inintelligent et que, lorsqu'il s'agit de prouver les choses les plus quintessenciées, ils ne savent s'appuyer que sur l'instinct universel, l'instinct religieux, etc. D'ailleurs l'opinion est changeante, on peut admettre qu'un jour viendra où le matérialisme, qui n'est pas jeune et qui fait des progrès, sera accepté par la majorité et alors l'argument du consentement universel se retournera contre ceux qui le défendent actuellement avec tant d'ardeur.

Si les traditions sont si dignes de foi, l'une des plus répandues fait sortir l'homme de l'animal, ce qui explique l'usage si général du totem et elle confirmerait les conclusions de la science.

« Il n'y a pas d'espèce animale qui ait une religion. »

Qu'en savons-nous ? Les fourmis ont des cimetières pour leurs morts, ce qui est considéré chez les hommes néolithiques comme une preuve de religion. Le chien a pour le bâton qui le frappe un respect comparable à celui du chrétien pour le crucifix.

Il est certain que les singes et les oiseaux saluent le soleil levant par des cris de joie, qui peuvent être comparés à l'adoration des Hindous pour Iudra. Le soleil a été, s'il ne l'est pas encore sous différentes espèces, le dieu le plus universellement adoré chez les hommes. Qu'est-ce d'ailleurs que la prière adressée dans tout l'univers à la divinité pour avoir les biens de la terre sinon, en définitive, une invocation au soleil sans la chaleur et la lumière duquel ces biens n'existeraient pas plus d'ailleurs que les hommes et les animaux ?

« L'homme seul est religieux ; et il l'est partout ; et il l'a été toujours. »

Trois affirmations, trois erreurs : nous venons de voir qu'on peut attribuer de la religiosité à l'animal. M. J. Vinson a démontré dans son livre : *Les religions actuelles*, qu'il y a eu et qu'il y a encore des peuples qui n'ont aucune idée de religiosité.

Comme preuve de la divinité « la crainte qu'inspirent les morts » n'a rien de déraisonnable, surtout dans les pays chauds, il est seulement curieux de voir les métaphysiciens si spiritualistes fonder l'existence de dieu sur ce fait matériel de la crainte d'un cadavre en décomposition.

Selon notre auteur, qui s'appuie sur Livingstone, les êtres les plus dégradés, les plus féroces, aux mœurs les plus révoltantes auraient une religion et cette dégradation n'empêcherait pas la preuve de leur supériorité sur ceux qui n'ont pas de croyance, il n'est vraiment pas difficile.

« C'est de superstition et non d'athéisme que l'on a accusé les barbares asiatiques. »

On ne peut mieux montrer son parti pris de vouloir trouver la religion partout et d'en faire, avec M. de Quatrefages, un signe de supériorité. Ainsi le dernier des asiatiques ou des Fuégiens serait supérieur à un Laplace, à un Diderot, à un Littré. L'absurdité d'une telle conséquence montre l'inanité de ce raisonnement.

La grossièreté même du début de la religion, qui n'a évolué que lentement et progressivement jusqu'à nos jours, où elle paraît vouloir retourner à son fétichisme primitif, montre bien que c'est un sentiment illusoire qui a suivi l'évolution mentale de l'homme et cette croyance, fut-elle réellement universelle, ne prouverait rien, car Galilée seul avait raison contre tous.

« Dieu est à la fois principe d'ordre dans le monde physique comme dans le monde moral et comme ces deux mondes n'en forment qu'un et que les deux ordres ne forment qu'un ordre, il n'y a qu'un seul Dieu qui, comme principe d'ordre moral est appelé justice et bonté et comme principe de l'ordre physique est appelé sagesse et puissance. Enfin comme on ne peut comprendre que cet ordre constitué par Dieu ne soit pas surveillé et conservé par lui, Dieu considéré comme veillant sur le monde et le conduisant à son but est la Providence. »

Il paraît que dans la divinité il n'y a pas de séparation de pouvoirs. Dieu aurait bien dû nous montrer sa justice et sa bonté sur la terre : « Un *tiens* vaut, ce dit-on, mieux que deux *tu l'auras*. »

Ainsi il suffit que l'on se figure une chose comme devant exister pour qu'elle existe réellement, mais cependant l'homme est sujet à l'erreur. L'artiste a, lui aussi, la conception d'une beauté corporelle absolue, s'ensuit-il que la déesse Vénus existe ? La véritable science ne doit être basée que sur l'observation et l'expérience, ici elles font absolument défaut et il faut un grand amour propre d'auteur pour prétendre que cette démonstration « assez claire par elle-même » est scientifique et doit produire la certitude.

L'ordre physique n'est qu'une illusion, les convulsions actuelles de notre planète le prouvent et l'espace est sillonné de débris des corps célestes, qui ont commencé et qui finiront. Est-ce par suite de « l'ordre bien plus admirable encore qui existe dans la nature vivante et animée » qu'il y a en France seulement environ 40.000 aveugles, 22.000 sourds-muets, de nombreux idiots ou déments, quantité de mort-nés et un certain nombre de monstres simples ou doubles.

« Comment comprendre la loi des corrélations organiques, cette coordination des parties au tout dans l'être vivant, plante ou animal, si le tout n'a pas préexisté sous forme de plan dans la cause occulte qui a préparé ces parties. »

L'étonnement de l'auteur se dissiperait si, au lieu de n'être qu'un philosophe spiritualiste, il avait étudié dans le *Transformisme* de Darwin, dans l'*Histoire de la création* de Hœckel, dans *Les enchaînements du monde animal* d'A. Gaudry et ailleurs comment la plante et l'animal ont dû sortir du minéral par des modifications insensibles et de plus en plus nombreuses, qui ont été en rapport avec les milieux et se sont fixés avec le temps par l'hérédité. Mais de ces théories scientifiques, qui sont l'honneur de notre époque et qui mériteraient au moins d'être énoncées devant des élèves de philosophie, il n'est parlé que peu ou prou et l'on est amené à croire que, si l'on n'en parle pas, c'est que l'on n'a rien de bon à y répondre.

« La psychologie nous enseigne que l'homme est un être intelligent et libre. — L'apparition de l'intelligence et de la liberté, sans une cause première intelligente et libre, serait un véritable miracle, mais un miracle sans auteur ».

A quoi l'on peut répondre que c'est également un miracle que l'apparition de la cause première intelligente et libre et le miracle est anti-scientifique. D'ailleurs la physiologie nous montre que la liberté attribuée à l'homme n'est pas ce que l'on prétend. Entre plusieurs impulsions l'esprit suivra fatalement la plus forte, comme la pierre sous plusieurs chocs, l'impulsion est d'autre nature, mais les résultats sont absolument comparables.

« C'est surtout comme principe souverain de justice et de sainteté que Dieu se manifeste à la conscience de l'homme. »

Puisqu'il faut absolument remonter d'un effet à un principe on pourrait dire, par exemple, que l'électricité n'a pu apparaître sans un principe électrique par excellence et que Dieu est l'électricité, ou, comme il doit réunir tous les principes, qu'il est toutes les manifestations des lois de la nature, qu'il se confond avec la matière et ce panthéisme ne diffère guère de l'athéisme scientifique. On pourrait dire aussi : pour que le bien et le mal existent il faut une cause première, car sans cela ce serait un miracle, or la cause première de tout est Dieu, donc Dieu est le bien et le mal.

« La loi morale n'est pas l'œuvre arbitraire de la volonté de Dieu. »

Si, pour que nous ayons l'intelligence, il faut qu'une cause première intelligente nous l'ait donnée, il semble également que, pour qu'il y ait un devoir moral, il faut qu'une cause première ait fait la loi morale. Elle doit venir de Dieu, si on l'admet, ou de l'homme et si elle ne vient pas de Dieu, elle vient donc de l'homme.

« Dieu peut être appelé législateur moral non en ce sens qu'il nous ait imposé des lois par sa seule volonté, mais en ce sens qu'il a voulu, en nous donnant l'être, que nous prissions connaissance des lois éternelles de la justice, lois résidant dans sa propre intelligence. »

Ainsi Dieu ne nous a pas imposé la loi morale, mais il veut que nous la connaissions comme il la conçoit. On s'explique que nous y ayons mis le temps et que nous ne soyons pas encore bien fixés à ce sujet. Il eut été plus généreux de sa part de nous la donner tout entière, par un autre Moïse, ce qui aurait évité à l'espèce humaine de bien longs tâtonnements. Cela aussi eût été plus juste, car malgré toute notre bonne volonté, il apparaît que bien peu ont approché de la perfection dans la conception du devoir moral et dans la connaissance de la justice absolue. Il y a là aussi beaucoup d'appelés et peu d'élus.

« Dieu est nécessaire comme juge. »

Dire qu'une chose existe parce qu'elle est nécessaire est un étrange raisonnement. Il est nécessaire que nous ayons des aliments pour vivre et il y a malheureusement encore des gens qui meurent de faim.

« Une loi qui, dans son opposition avec l'agent, ne serait pas sûre d'avoir le dernier mot, ne serait plus une loi. Il doit donc y avoir quelque être qui se charge de mettre d'accord la justice et la liberté... sans cela l'agent n'aurait qu'à se préserver des lois humaines pour être aussi indifférent qu'on peut l'être aux conséquences de ses actions ».

Il oublie le remords qui doit suivre toute mauvaise action. Pour nous c'est la crainte du châtiment pour avoir fait ce qui est défendu qui, accumulée dans les esprits par l'hérédité et l'habitude, a fait le remords.

On suppose que le bonheur doit être la conséquence de la vertu, mais comme cela n'existe pas sur la terre, ce sera dans le ciel. Il serait plus juste de dire que, dans le monde que nous connaissons, l'ordre moral n'existant pas, il est plus que probable qu'il n'existe nulle part dans un ailleurs que nous ne connaîtrons pas et dont nous ne pouvons constater l'existence.

On se figure toujours Dieu comme un monarque rendant la justice, c'est la conception anthropomorphique des anciens.

« La liberté laissée au coupable d'agir contre la loi n'est explicable que si cette loi est assurée de trouver une sanction tôt ou tard, qui en garantisse l'autorité. »

Toutes ces subtilités hypothétiques ne peuvent entrer dans la tête du plus grand nombre, ce qui ne serait pas un grand mal, si, pour vouloir s'élever dans les nuages, on ne laissait la réelle influence aux prêtres, dont la doctrine se réduit en dogmes intéressés et en pratiques théâtrales qui plairont encore longtemps aux foules. Ce qu'il faut leur faire entendre, c'est leur intérêt collectif et particulier bien entendu.

« Enfin Dieu qui est exigé par notre conscience comme législateur et comme juge, l'est encore comme modèle souverain de cette justice et de cette charité que la loi nous ordonne. »

Dieu est exigé par notre conscience? mais celui qui se conduit bien sans croire à un Dieu qui le récompensera, n'est-il pas d'une moralité bien supérieure à celui qui ne le fait que dans l'espoir d'une récompense ?

« La vertu, d'après Platon, c'est la ressemblance avec Dieu. »

Mais ce Dieu, chaque peuple se le représente selon l'évolution de son intelligence, car c'est l'homme qui a fait les dieux à son image, cela est évident lorsque l'on considère l'histoire des religions. Toutes les démonstrations des philosophes spiritualistes confirment ce fait, puisqu'elles ne concluent à l'existence de la divinité que par l'élévation à la suprême puissance des facultés de l'homme.

— Dans son livre de morale pour l'instruction secondaire des jeunes filles, troisième année, M. Paul Janet résume ainsi sa doctrine morale : « Croire, prier, enseigner, voilà tout le culte. »

Donc pas de moralité si l'on ne croit pas à la toute puissance d'un Dieu créateur, conservateur et rémunérateur ; pas de moralité si l'on n'adresse pas de prières à ce Dieu, dans son intérêt personnel, pas de moralité si l'on ne fait pas de propagande en faveur de la doctrine métaphysique.

Quelle différence y a-t-il entre cette doctrine et les religions ? Est ce que toutes ne se résument pas dans ces trois mots : croire, prier, enseigner ? La seule différence, c'est que M. P. Janet ne donne pas de formules de prières, mais l'esprit de l'enfant ne peut que confondre cette philosophie avec la religion qu'on lui a enseignée et celle-ci lui donne la formule avec le *credo* et les mystères. L'enseignement laïque de la religion dite naturelle vient confirmer l'enseignement religieux du prêtre, le justifier et l'implanter avec d'autant plus de force dans le cerveau des adolescents qu'on prétend s'adresser à leur raison quand on fait au contraire tout ce qu'il faut pour étouffer le raisonnement et cacher à l'intelligence, qui voudrait se rendre compte, les véritables principes de la recherche de la vérité et de la science expérimentale.

II. Ce que cette morale a produit.

Après avoir examiné la morale enseignée d'après les livres de M. Paul Janet, et l'on pourrait faire les mêmes remarques à propos des autres ouvrages classiques adoptés par l'Université, voyons ce que ces théories ont produit dans la pratique, surtout au point de vue de l'enfant. Nous constaterons partout le mélange intime de la religion à la vie courante et une moralité, qui n'est souvent pas supérieure à celle des sauvages, quand elle n'est pas inférieure.

L'homme est un animal social, cela est vrai, mais chez lui comme chez les animaux, c'est l'intérêt de la défense qui a conduit à l'association et il est assez naturel que cet intérêt se retrouve partout dans les relations de la société. A part quelques sympathies personnelles et un amour de sa famille et de ses semblables généralisé à sa patrie et à l'humanité chez les mieux doués au point de vue moral, la politesse, qu'il est de bon ton d'afficher dans les relations du monde, n'est le plus souvent qu'un vernis qui recouvre mal les calculs d'un égoïsme plus ou moins profond. Sans parler de la calomnie, qui n'est pas rare, il est certain que la médisance fait le fond de la plupart des conversations, qui ne brillent pas, en général, par la bienveillance et la sincérité. C'est pour cela que je considère les relations mondaines comme ayant plutôt une mauvaise influence sur la moralité. L'habitude d'afficher des sentiments que l'on n'a pas, ne peut qu'émousser l'amour de la vérité et dessécher le cœur et c'est ce qui arrive trop souvent.

On aime bien ses enfants, mais s'ils sont une gêne pour la vie mondaine, on s'en débarrasse en les confiant à des remplaçantes et ils ne sont pas toujours admis aux repas de la famille. Si la mode veut qu'on leur écrase la tête dans d'énormes capotes, qu'on les déforme avec des corsets trop étroits, qu'on leur perce les oreilles ou qu'on leur brise les pieds dans des souliers pointus, c'est la mode que l'on écoute et non l'hygiène.

On place ses enfants selon la mode courante ou le vent politique qui souffle, soit dans des institutions congréganistes où la cuisine est meilleure, où l'on est mieux dressé aux belles manières, où l'esprit perd son indépendance et sa liberté pour apprendre à obéir et à répéter des formules que l'on ne comprend pas, et où l'on espère que les professeurs continueront à aider l'enfant dans la vie, soit dans les institutions laïques de l'Etat où l'on sera en relation avec les fils d'hommes puissants qui aideront l'enfant à parvenir. Celui-ci, qui le sait, ne sent plus le besoin de travailler pour s'instruire puisque l'argent de ses parents ou leurs relations lui suffiront et sa valeur morale en décroît d'autant.

Qui saura jamais ce qu'il peut entrer d'égoïsme dans les sentiments de la morale la plus élevée, amour maternel, conjugal, filial, amour de la patrie, etc. N'a-t-on pas vu des parents diriger leurs enfants vers la vie religieuse pour avoir des intermédiaires puissants, qui leur faciliteront l'entrée du paradis.

On impose à un enfant, qui ne croit pas, de pratiquer un culte. Si cela ne lui fait pas de bien, dit-on, cela ne lui fera pas de mal. Cela fera des hypocrites et tuera le ressort moral de l'enfant, qui ne croira plus à la sincérité ni à la justice, car il aura compris qu'on ne respecte pas sa liberté et il ne respectera pas celle des autres.

Une institutrice dénonçait dernièrement dans ces termes un véritable danger national : « S'il est bon et sain de mettre certaines congrégations dans l'impossibilité de domestiquer à leur profit des cerveaux et des consciences d'enfants, il est un autre danger qu'on ne paraît point pressé de combattre. Ce sont les orphelinats et les ouvroirs où, sous couleur d'assistance et de charité, se cache l'exploitation la plus éhontée et la plus criminelle de malheureuses enfants qu'on force à travailler sans relâche pour un salaire infime, qu'on surmène sans scrupule et qui, devenues adultes, sont lâchées sur le chemin de la misère et du vice par les bonnes sœurs, marâtres impitoyables à celles dont les forces sont épuisées et dont le labeur n'est plus d'un rapport suffisant. » Les procès des sœurs du Bon Pasteur de Nancy, d'Annonay et du Mans nous ont renseignés à cet égard et s'il est un devoir qui s'impose, c'est celui de mettre fin à ce scandale.

Dans son rapport sur l'Ecole à l'exposition de 1900, M. René Leblanc constate que, « dans les écoles congréganistes, il ressort des cahiers des élèves qu'au lieu de charité chrétienne, ce que l'on enseigne, ce sont des sentiments aussi haineux qu'injustes à l'égard des écoles sans Dieu, qui ne peuvent être que des laboratoires de vice et d'impiété » ; ce qui n'a pas empêché de leur décerner une médaille d'or.

On voit des fonctionnaires émargeant au budget, qui confient leurs enfants aux congrégations et qui sapent de leur mieux les institutions que leur devoir serait de défendre, car nul n'est obligé d'accepter des fonctions publiques.

On dit que tout salarié de l'État reste libre de le combattre parce que son traitement n'est que la rémunération du travail qu'il accomplit. Mais caresser celui que l'on hait, mordre la main qui vous nourrit, souffler le chaud et le froid seront toujours des pratiques peu recommandables.

Nos lois sont trop portées à considérer que tous les pères de famille sont aptes à donner l'éducation à leurs enfants. Ceux qui sont placés dans un milieu malsain ne peuvent devenir de bons sujets. Montaigne avait raison de dire que : « nos plus grands vices prennent leur pli dès notre plus tendre enfance » et il ne faut pas exagérer l'autorité du père de famille. Au lieu de confier l'enfant délinquant aux maisons de correction où il continue à se pervertir, c'est par l'éducation préventive que la société doit chercher à le moraliser.

Partout les pratiques et les emblèmes religieux s'imposent à l'enfant et à l'homme pour continuer la tradition. Nos fêtes sont réglées par la religion dominante, nos almanachs ne parlent que de saints, nos monnaies sont placées sous l'invocation de Dieu, on fait bénir la République dans les églises, les classes commencent par des prières, le culte catholique est privilégié dans les lycées où l'aumônier confirme ou réfute avec l'autorité attribuée à son caractère les leçons du professeur, les croix de missions se plantent dans nos carrefours, les serments, qui devraient depuis longtemps être supprimés, se prêtent dans nos prétoires devant le christ quelle que soit la croyance de l'accusé, du témoin ou du juré et c'est ainsi que les défenseurs de la morale officielle respectent la liberté de conscience.

C'est seulement d'hier que la messe n'est plus absolument obligatoire dans notre marine, c'est d'avant hier que M. de Lanessan a supprimé dans notre flotte les signes de deuil le vendredi saint et l'on continue à baptiser nos cuirassés.

De grandes maisons de commerce refusent d'admettre comme employés ou commis des hommes mariés, des propriétaires ne veulent louer qu'à des locataires qui n'ont ni enfants ni chiens, des maîtres renvoient les domestiques qui se permettent d'avoir des enfants ; les enfants naturels, qui sont au nombre de dix pour cent, sont flétris du nom de bâtards, tandis que les enfants de l'adultère, qui n'en sont d'ailleurs pas plus responsables que les autres, ne perdent rien de la considération publique.

Les grands magasins nuisent à la moralité en arrachant un grand nombre d'employés à la vie de famille et en ruinant le petit commerce, qui pouvait garder ses enfants et surveiller leur éducation. On se demande par quelle aberration des jeunes hommes peuvent passer leur vie à vendre des corsets et des rubans, quand il y a tant de jeunes filles à qui ce rôle conviendrait beaucoup mieux.

Dans *Petite amie*, M. Brieux met en relief l'immoralité de la société qui ne pardonne pas à un jeune homme de ne pas abandonner la jeune fille qu'il a séduite et rendue mère, quand cet abandon lui permettrait de faire un beau mariage et d'aspirer aux situations les plus enviées.

Aux assises, les jurés de la province sont en général disposés à acquitter tous les attentats à la pudeur et les parisiens tous les crimes dits passionnels, mais ils sont inflexibles pour les attentats à la propriété : vol, incendie, etc. Les avocats connaissent bien ces dispositions, s'il s'agit de faux en écriture, ils récusent tous les jurés qui ont quelque notion de comptabilité, s'il s'agit d'attentat à la pudeur, de viol, de suppression d'enfant, ils récusent tous ceux qu'ils considèrent comme susceptibles d'être de bonnes mœurs.

Les rapports des domestiques avec les maîtres ne sont pas non plus ce qu'ils devraient être parce que le serviteur ne voit trop souvent dans sa place qu'une occasion d'exploiter le maître et parce que celui-ci ne voit dans le domestique qu'un inférieur et un ennemi dont il doit se défier. Des deux côtés on oublie que la dignité ne dépend pas du rang que l'on occupe dans la hiérarchie sociale, mais de la façon dont on remplit ses devoirs professionnels et sociaux. Le nombre des domestiques tendant toujours à augmenter avec l'accroissement des fortunes, il y a là un danger pour la moralité.

Il est d'observation courante que beaucoup de personnes qui ont toujours été considérées comme très honorables, tant qu'elles n'ont manqué de rien, ne résistent pas à la tentation de faire le mal quand l'occasion s'en présente. C'est dans le malheur que l'homme véritablement juste peut être apprécié et c'est une épreuve que tout le monde n'est pas appelé à supporter.

A côté des misérables, qui volent un pain pour nourrir leur enfant et qui étaient impitoyablement et légalement condamnés avant que le président Magnaud ait inauguré une nouvelle jurisprudence, combien de banquiers, d'agents d'affaires, de maîtres Guérin, qui savent tourner la loi et ruinent impunément de pauvres gens, dont le seul tort est d'avoir eu confiance en eux. Tant qu'ils ne sont pas condamnés, et beaucoup, qui le mériteraient, ne le sont jamais, ces exploiteurs de la naïveté, de la cupidité ou de la misère jouissent de la considération du monde, qui n'a trop souvent que dédain pour le malheureux valant mieux que lui. La réussite est le passe-port de la considération, on ne regarde pas aux moyens qui ont été employés. Cette immoralité du grand monde, qui est scandaleuse, surtout dans les grandes villes, où l'on se connaît moins que dans la province, gagne peu à peu le petit monde, qui aspire à monter dans l'échelle sociale et qui s'habitue à se faire à l'idée que, pour réussir, il n'y a qu'à suivre l'exemple de certains parvenus.

Le succès de notre littérature de romans et de théâtre, qui roule presque exclusivement sur l'adultère et l'assassinat, les annonces de quelques journaux, les prospectus de bureaux d'adresses, qui se distribuent dans la rue, et les publications pornographiques jettent un jour fâcheux sur la moralité d'un certain nombre de civilisés.

Ce qu'on appelle la noblesse et qui exerce encore un prestige, dû sans doute à l'humilité du rôle que ses ancêtres ont rempli auprès des rois ou empereurs, ne se recommande que par sa lutte ouverte ou cachée contre le gouvernement républicain et par la défense des congrégations. Il est peu de ses jeunes gens qui sentent le besoin de se relever par le travail et le plus grand nombre ne songe qu'à s'amuser, comme l'on dit, et à vivre de ses rentes. Ce n'est certes pas la noblesse, s'il en est encore d'authentique, comme on l'a nié non sans raison, qui relèvera la moralité de notre pays.

La haute bourgeoisie n'a que trop suivi le conseil de Guizot :

« enrichissez-vous » ; sa principale préoccupation semble être de gagner de l'argent par tous les moyens possibles et s'il en est encore qui regrettent les gouvernements de Louis Philippe et du second empire, ils avouent ingénument que c'est parce qu'ils ont gagné de l'argent sous ces régimes. Ils ne comprennent pas que s'ils se sont enrichis, ils ne le doivent pas à ces gouvernements mais à cette circonstance qu'ils se sont trouvés dans les affaires au moment où l'application des découvertes scientifiques a révolutionné les moyens de transport et a donné à l'industrie et au développement économique un essor qu'on n'avait jamais vu.

Cette classe dirigeante veut jouer le rôle que remplissait la noblesse sous la monarchie et elle croit avoir droit à une influence d'autant plus grande qu'elle est plus riche. M Trouillot disait d'elle dernièrement que cette bourgeoisie, « qui peut se glorifier dans le passé de tant d'initiatives généreuses, devient peu à peu réactionnaire et cléricale, à mesure que l'éducation du jésuite vient à la pénétrer. Il faut que cette bourgeoisie spéciale choisisse entre une aristocratie décidément bien morte et une démocratie toujours plus vivante ».

La dépopulation, qui est un danger redoutable pour notre pays dans l'état actuel de l'Europe, est due certainement, en partie, à l'égoïsme bourgeois, qui s'affranchit volontairement des charges qu'occasionne une nombreuse famille.

Il est inutile de parler après « Les Provinciales » de la morale des Jésuites, qui sont toujours si puissants, car il n'est pas vrai de dire qu'ils n'ont pas de morale, ils en ont une qui est le contraire de la moralité. On a objecté qu'elle n'est pas si défectueuse puisqu'elle a pu former des hommes qui se sont appelés : Molière, Pascal, Voltaire, Renan. Mais si l'on peut citer quelques esprits hors ligne, qui ont peut-être dû à l'indignation, qu'ils ont éprouvée pour de pareils principes, une partie de leur génie, fait de révolte de leur conscience honnête, combien d'autres n'ont pas eu l'énergie nécessaire pour s'en détacher et ont conservé la marque de cette funeste éducation. La liste serait trop longue, qu'il me suffise de citer Bossuet, qui approuva la Révocation de l'Edit de Nantes, s'il ne la conseilla pas, Joseph de Maistre et de nos jours François Coppée et Jules Lemaître, le principal détracteur de Victor Hugo. Ce qu'il faut dire, c'est que la morale des Jésuites ne leur est pas spéciale, que toutes les congrégations la pratiquent et qu'elle n'est pas étrangère au clergé séculier.

Dans la protestante Amérique, où la religion a tant d'influence, les sentiments de fraternité, de justice et d'égalité ne s'étendent pas jusqu'aux citoyens de race noire et la résistance qu'éprouve la courageuse initiative du Président actuel, pour imposer leur égalité civile, prouve combien la religion est incapable d'améliorer les mœurs.

L'Angleterre, non moins religieuse, a détruit jusqu'au dernier Tasmanien par une véritable chasse à l'homme, elle se proposerait d'employer ses fameuses balles dom-dom dans le Somaliland comme elle l'a fait dans l'Inde contre les Waziris, enfin dans la Rhodésia, elle avoue se défendre contre les indigènes, qui lui volent ses bœufs, en leur livrant de la farine empoisonnée.

Un curieux exemple de la moralité chrétienne vient de nous être donné par les tribunaux. Une jeune femme pieuse vivait depuis deux ans en concubinage avec un homme qui lui offrait le mariage civil pour légitimer leur enfant, mais comme il se refusait au mariage religieux, elle n'avait pas hésité à le vitrioler. On est amené à penser que son directeur de conscience avait admis le concubinage, mais ne transigeait pas sur le mariage religieux.

Cela me rappelle une pauvre femme de la campagne, assez simple d'esprit qui, mariée à un ivrogne, demandait à son curé le moyen de s'en débarrasser. Celui-ci lui conseillait de gaver son mari de pain chaud et de lui donner à boire ensuite à satiété, lui faisant espérer qu'elle l'étoufferait ainsi. La femme employa ce moyen, ainsi que beaucoup d'autres, qui n'eurent pas le résultat qu'elle souhaitait, et elle racontait cela naïvement, comme une preuve de l'intérêt que lui portait son curé. Il est vrai que c'était avant le divorce, mais il est probable que l'homme de Dieu lui aurait préféré encore un autre mode d'étouffement.

Pour considérer les religieux comme un danger, il n'est pas nécessaire de supposer qu'ils ne sont pas de bonne foi. Il est certain qu'un congréganiste appelé à instruire des enfants ou une religieuse ayant à soigner des malades, sont dans leur rôle et agissent selon leur conscience de croyants, en inculquant aux enfants des idées religieuses ou en tâchant de sauver l'âme du patient plutôt que son corps. Ce n'est pas à eux qu'il faut s'en prendre, mais au gouvernement, qui doit assurer la liberté de conscience à l'école comme à l'hôpital, à l'armée comme à l'usine.

Tout manque de sincérité doit être condamné par la morale et quand on voit nos ministres, esclaves de l'habitude, aller se prosterner officiellement à une messe dite en faveur des victimes de La Martinique, on peut se demander si c'est pour en remercier le Dieu qui, d'après l'Eglise et la métaphysique, est tout-puissant et tout bon ou si c'est pour le prier de ne pas recommencer, ce que, d'ailleurs il n'a pas fait.

Les principaux exemples d'une réelle moralité nous sont surtout donnés par la petite bourgeoisie qui s'élève peu à peu du prolétariat, de la culture, du commerce et de l'industrie par le travail, l'ordre et l'économie jusqu'à la propriété mobilière ou immobilière Ce sont ces petits propriétaires dont il faut s'efforcer d'accoître le nombre et d'élever encore la moralité par la diffusion de l'éducation laïque. Le récent débat sur le privilège des bouilleurs du crû vient de nous montrer une fois de plus combien l'intérêt particulier a de peine à s'effacer devant l'intérêt général, justice, santé, morale tout est sacrifié à la crainte de perdre son mandat.

Nos gouvernements favorisent plus ou moins consciemment le désir de s'enrichir à tout prix en faisant miroiter aux yeux des masses l'appât de fortunes gagnées par un coup du sort, sans qu'on les ait méritées par le travail. Les loteries passent pour être interdites, sauf dans un but de bienfaisance, et tous les jours, la Ville de Paris et le Crédit Foncier émettent des obligations donnant droit à des lots se chiffrant par centaines de mille francs. Ces procédés, autorisés par nos lois, sont immoraux au premier chef, car ces lots, en général, ne servent qu'à dévoyer ceux qui les gagnent et qui n'en profitent pas et il serait plus juste, plus démocratique et plus moral de répartir ces sommes sur tous les obligataires en augmentant leur part de revenu.

En ce qui concerne les courses, j'avoue que je n'ai pas encore compris en quoi le pari, mutuel ou non, qui est d'un effet désastreux sur la moralité des humbles, serait indispensable à l'amélioration de la race chevaline.

Immorale est la soif des décorations qui diminue la valeur de l'effort, si réel qu'il soit, parce qu'elle laisse supposer qu'il n'a été tenté que dans l'espoir d'une récompense. On devrait au moins supprimer les croix décernées aux enfants parce qu'elles perpétuent l'amour des distinctions extérieures et sont contraires à la justice, attendu que celui qui les obtient sera souvent le plus intelligent et le moins travailleur, que son intelligence ne dépend pas de lui et que celui qui travaillera le plus en sera souvent privé, même en excluant tout passe-droit. Ces distinctions entretiennent la vanité des uns, l'envie des autres, l'amour du galon pour tous et l'émulation pourrait être entretenue par de meilleurs moyens.

Je ne verrais même aucun inconvénient à les supprimer pour les adultes, les Etats-Unis et la Suisse ne les connaissent pas et ne s'en trouvent pas plus mal. Une des raisons qui doivent faire condamner les décorations, c'est qu'elles sont contraires à l'égalité et que si quelques unes sont attribuées au mérite réel le plus grand nombre va aux moins méritants, aux solliciteurs souvent hostiles au gouvernement, aux protégés du pouvoir, à ceux dont la moralité est plutôt inférieure, ce qui en diminue la valeur, même pour ceux qui pourraient y avoir des titres incontestés. La véritable récompense du mérite devrait être dans la satisfaction de la conscience et dans l'estime de ses concitoyens.

La tendance à l'accaparement, dont les trusts américains sont la dernière manifestation, constitue une menace pour les producteurs, les salariés et les consommateurs. Le président Roosevelt commence à s'inquiéter et proclame la légitimité de lois restrictives des associations quand elles font du mal au lieu de faire du bien. Les trade-unions proposent d'y remédier par la nationalisation des grandes industries et la meilleure défense pour nous serait peut-être d'organiser ces Etats-Unis d'Europe, que prévoyait Victor Hugo et dont la réalisation serait si désirable à tous les points de vue.

Il serait à souhaiter que notre justice fut plus réellement gratuite et qu'elle s'inspirât des principes des Chinois, que nous considérons comme des barbares, mais qui estiment que la responsabilité est d'autant plus grande que le coupable occupe un rang plus élevé dans la société. Chez nous, c'est le contraire qui existe. Un malheureux soldat est impitoyablement frappé pour un geste irrévérencieux ou une révolte de conscience devant l'injustice et un maréchal Bazaine est gracié. De simples manifestants sont condamnés, mais les chefs responsables d'une insurrection, amiral, officier sénateur, député, noble, prêtre, ne sont pas inquiétés ou sont frappés de façon dérisoire, c'est toujours la toile d'araignée qui retient les petites et laisse passer les grosses mouches.

Nous avons proclamé il y a plus d'un siècle les droits de l'homme et du citoyen et M. Henri Coulon, dans son livre « *De la liberté individuelle* » constate qu'en France il y a chaque année 10,000 personnes, réputées innocentes par la loi, qui subissent la peine abominable et sans compensation possible de la détention préventive. Il demande qu'on inscrive dans le code : « la liberté provisoire est la règle, la détention préventive est l'exception. »

L'éloquent plaidoyer du docteur Henri Thulié en faveur de la femme n'a pas encore pu obtenir sa liberté, son égalité civile, non plus que la responsabilité génétique. A la conférence internationale de Bruxelles pour la prophylaxie des maladies vénériennes, les professeurs Laudouzy, Gaucher, Gailleton, les médecins, les juristes, les penseurs ont dû réclamer le retour au droit commun égal pour l'homme et pour la femme et la responsabilité morale et civile de chacun selon ses actes, ce qui comprend la recherche de la paternité.

Les guerres d'aventures et de conquête sont encore un objet d'admiration pour de trop nombreux esprits. On trouverait mauvais que des étrangers vinssent exciter chez nous la révolte contre nos lois et fomenter la guerre civile ou religieuse et l'on aurait raison, mais on laisse des missionnaires jouer ce rôle chez les Chinois et quand ceux-ci se révoltent, toutes les nations d'Europe et les Etats-Unis d'Amérique, sous prétexte de liberté de conscience et de défense des nationaux, vont massacrer ces malheureux au nom du droit du mieux armé, incendier leurs villes et leurs récoltes, détruire leurs temples, piller leurs trésors et leurs instruments scientifiques imposer enfin aux vaincus une rançon pour le passé et pour l'avenir l'ouverture au commerce d'un pays qui voulait rester fermé.

On sait que les soldats suivent en général les missionnaires et les horreurs qui ont été commises de sang-froid par les armées alliées en Chine, par les Américains aux Philippines, par les Anglais au Transvaal, par les Français en Afrique dans leur lutte contre Rabah, nous montrent avec quelle facilité la bête humaine réapparaît chez les plus civilisés en temps de guerre. La statue élevée au sergent Hoff, qui avait la spécialité de supprimer les sentinelles, est la glorification de l'instinct guerrier à la façon de l'Australien, qui vise surtout à surprendre l'ennemi avant qu'il puisse se défendre.

Les civilisés qui se vantent très haut de leur élévation morale, de leur bonté, de leur justice, laissent la loi du plus fort dominer partout, sans parler des massacres de Kichineff, quand on voit avec quelle désinvolture les nations oublient de consulter les populations sur la nationalité qu'elles préfèrent, ou éluder les promesses qu'elles ont faites à cet égard, il faut bien s'avouer que notre moralité est encore bien inférieure et qu'il nous reste beaucoup à faire.

Au *Te Deum* que les Anglais ont adressé au Dieu des armées pour leur avoir permis de triompher des Boers, vingt contre un, tous les états civilisés ont adressé leurs sincères félicitations aux vainqueurs. Si la moralité était plus avancée, c'est aux vaincus, aux défenseurs du droit qu'on aurait dû adresser tous les éloges. Mais quelle est la nation qui ne sente pas le besoin de se faire pardonner quelque attentat contre le droit des gens.

Malgré de louables et récents efforts pour les atténuer, les châtiments corporels sont encore appliqués dans nos bagnes et compagnies de discipline avec une férocité qui révolte les consciences honnêtes.

La peine de mort est toujours en honneur chez presque toutes les nations du monde, bien qu'elle ne serve à rien qu'à exciter les instincts sanguinaires des foules, car il est prouvé que dans les cantons de la Suisse où elle n'existe pas (et ce sont les non catholiques), les crimes ne sont pas plus nombreux. Elle ne vaut pas mieux comme exemple, car presque tous les assassins ont déjà assisté à des exécutions. Elle est donc inutile et ce qui surtout la condamne, c'est que les erreurs, plus fréquentes qu'on ne le croit et toujours possibles, sont irréparables. La moralité générale montera avec le respect de la vie humaine.

C'est pour cela aussi que les duels, qui ne sont qu'une survivance des absurdes jugements de Dieu et de l'antique sauvagerie, devraient être interdits par la loi, c'est ce qu'ont fait les Anglais, et l'on n'arrivera pas autrement à les supprimer.

III. Comment il serait bon de la comprendre.

Depuis Aug. Comte, les travaux de MM. Ch. Letourneau, Issaurat, Yves Guyot, Manouvrier, M. Monnier, Eug. Véron, Louis Viardot, Mme Clémence Royer, F. Buisson, Arsène Dumont, sans parler des étrangers, ont montré les véritables bases de la morale positiviste et scientifique.

La morale est née de la recherche de l'utile pour l'individu, et comme la première utilité a été de vivre en société pour se défendre, l'intérêt personnel ou égoïste s'est vite confondu avec l'intérêt de la société et l'idéal à poursuivre serait d'arriver à une société organisée de façon à ce que l'intérêt général et l'intérêt particulier fussent toujours d'accord; c'est heureusement ce qui arrive le plus souvent.

M. Letourneau donne pour base de la morale l'utilité sociale bien entendue.

Mme Clémence Royer dit que tout ce qui concourt à accroître dans le monde le nombre des existences conscientes et la somme de leur bonheur est le bien, tout ce qui diminue ces qualités est le mal.

M. A. Dumont prend pour critérium de la moralité le bien de la collectivité. Il constate que si l'on veut travailler efficacement à l'élaboration d'une morale scientifique, une tâche préliminaire s'impose : déblayer le terrain des systèmes théologiques et métaphysiques qui l'encombrent.

Je suis absolument de son avis, mais envisageant cette tâche à un point de vue particulier, je pense que l'on aura fait faire un grand pas à cette question le jour où l'on aura persuadé l'Univer-

Lejeune

sité que son devoir le plus urgent est d'enseigner résolument et uniquement aux jeunes intelligences qui lui sont confiées les principes de la morale scientifique. Que signifie le monument élevé, en face de l'église de la Sorbonne, en l'honneur d'A. Comte, s'il n'a pas pour corollaire l'enseignement positiviste ? La meilleure glorification du fondateur du positivisme ce n'est pas de lui élever une statue, c'est de répandre son enseignement (avant la phase religieuse) chez les jeunes générations auxquelles il infusera le véritable esprit scientifique. Or nous savons que nos lycées en sont encore à la philosophie spiritualiste de Platon.

Le jour où l'Université adoptera l'enseignement rationnel de la morale, elle aura fait faire un pas décisif à l'évolution de la morale et c'est à ce but que doivent tendre d'abord tous nos efforts. C'est ce que demandait déjà en 1885 M. le Dr Fauvelle : « Il faut accorder la liberté de conscience aux élèves de l'enseignement classique en supprimant la philosophie des programmes. De quel droit exiger des candidats au baccalauréat ès-lettres de croire à Dieu, à ses attributs, à l'âme et à son immortalité ? De quel droit exiger d'eux qu'ils viennent donner de ces croyances des preuves notoirement fausses et erronées ? »

Un des plus graves problèmes qu'aient à résoudre les pères de famille libre penseurs est celui de savoir s'ils doivent se soumettre à l'usage, qu'ils détestent, de faire baptiser leurs enfants et de leur faire faire leur première communion. En principe il n'y a pas à hésiter et la morale prescrit de rompre avec tout ce que l'on considère comme inutile et faux. Mais, dans l'état actuel de nos mœurs, et sans parler de la lutte qu'il faut presque toujours soutenir avec la mère et avec tous les parents, qui veulent continuer parce qu'on a toujours fait ainsi, il est malheureusement certain que l'adulte, qui a rompu avec tout culte religieux, sera tenu en suspicion par la grande majorité de ses concitoyens, ce qui pourra rendre son établissement plus difficile. C'est surtout au point de vue du mariage que la difficulté grandit, car il y aura beaucoup de chances pour qu'une union souhaitée par les familles et les jeunes gens trouve, du fait de l'émancipation de l'un d'eux, un obstacle insurmontable. Alors de deux choses l'une, ou le mariage ne se fera pas et l'un des enfants au moins pourra renoncer à fonder une famille, ou l'époux sans religion se soumettra à tous les sacrements de l'église pour pouvoir réaliser l'union qu'il désire. Et l'on se demande s'il n'aurait pas mieux valu laisser l'enfant faire une fois comme ses camarades, en ayant soin de lui expliquer au fur et à mesure du développement de son jugement, ce qu'il faut penser de l'origine et des pratiques des religions, pour que sa raison éclairée choisisse le parti qu'elle aura à prendre. Il y a là une question morale inquiétante au point de vue de l'intérêt de l'enfant, qui pourra reprocher à ses parents d'avoir brisé son avenir, et c'est là une responsabilité que bien peu de personnes osent assumer. Le remède est encore dans la diffusion de l'instruction laïque et dans la lutte contre les religions, de façon à ce que l'on arrive peu à peu à une majorité de penseurs émancipés dans les deux sexes, ce qui rendra plus facile la solution du problème.

Au moment où notre pays semble enfin avoir compris le danger que lui font courir les congrégations et vouloir se ressaisir, il n'est pas inutile d'insister sur l'urgence qu'il y a à libérer le plus tôt possible l'enfant de cet épouvantail qu'est la religion et de cette religion honteuse qu'est la métaphysique.

De même que le père de famille n'a plus droit sur la vie de l'enfant, il faut qu'un jour vienne où il n'aura plus droit sur sa conscience. En attendant que l'instruction soit purement laïque, il faudrait reculer l'instruction philosophique et religieuse à l'époque où l'enfant pouvant raisonner et comparer, fera choix, si bon lui semble, d'une religion. Si l'on vient dire qu'alors il n'y aura plus de religion, ce sera l'aveu qu'il ne faut pas faire usage de sa raison pour avoir une croyance religieuse, ce que nous savions déjà.

M. Letourneau constate que la théologie était plus logique, qu'une fois le principe admis, les conséquences en découlaient naturellement, mais que la métaphysique ne repose sur rien et n'aboutit qu'au néant. Son résultat a été de nuire à l'esprit scientifique, à la logique et de replonger l'esprit dans les ténèbres les plus obscures et les plus trompeuses qu'il ait jamais connues. Ce prétendu progrès a été un recul, la philosophie métaphysique, théologie atténuée, est une cote mal taillée entre l'anthropomorphisme, auquel on ne

peut vraiment plus croire sincèrement et le matérialisme, qui
effraie, je ne dis pas par sa nouveauté, car il est le plus ancien,
mais par sa vérité, qui répugne à ceux qui ne peuvent encore se
résoudre à descendre d'un ciel imaginaire sur une terre réelle. Nous
ne leur en voulons pas, contrairement à ce qu'ils peuvent croire,
car nous savons que leur liberté n'est pas entière et que leur responsabilité est toute relative. C'est ce qui explique les divergences
d'appréciation qui éclatent subitement entre de grands esprits, de
bonne foi, qui ont longtemps paru vivre des mêmes idées et lutter
pour la même cause.

Pour les adultes, le tort qu'ils ont subi du fait de leur éducation
est, pour la plupart, irréparable, car bien peu auront le désir et le
loisir de refaire cette éducation ou de la compléter. Mais de même
que l'État considère comme son droit de réglementer la vente des
poisons, qui peuvent nuire à la santé du corps, à plus forte raison
a-t-il le devoir de défendre les jeunes intelligences contre les doctrines qui peuvent tarir en elles la curiosité, le raisonnement et l'activité. Il doit donc s'opposer à ce que l'on continue à imposer a l'enfant ces vieilles formules de métaphysique, qui faussent et égarent
son esprit dès ses plus jeunes années. C'est vers les idées scientifiques modernes qu'il faut orienter toute la jeunesse si l'on veut
avoir plus tard des générations fortes et réfléchies, sachant ce qu'elles veulent et ayant le courage de l'accomplir.

Des siècles d'ignorance et d'obscurantisme présent sur les consciences, il faut refaire les mœurs sur de nouvelles bases et l'on ne
se mettra jamais trop tôt à cette besogne indispensable. Chaque
année qui s'écoule jette dans la vie active de nouvelles générations
imbues de préjugés, dont elles ont beaucoup de chances pour ne pas
se dégager. La tâche du ministère de l'instruction publique est
d'une importance capitale pour l'avenir de notre pays.

L'enseignement des doctrines religieuses et spiritualistes conduit à l'égoïsme puisque tout est recommandé en vue du bonheur
individuel dans un autre monde et quand on est hypnotisé par ce
but, il est assez naturel qu'on ne fasse pas abstraction de sa per-
sonnalité dans ce monde. L'enseignement laïque au contraire est
tout entier orienté vers la vie réelle, il a pour but de former des

caractères et des êtres conscients de leur devoir de solidarité.

On prétend que c'est à tort que l'on veut fondre tous les citoyens dans le même moule universitaire pour établir l'unité morale de la France, parce que la concurrence est nécessaire à l'émulation et au progrès et que les divergences d'esprits amèneront toujours des diversités de caractères.

Mais la concurrence pourra s'exercer entre les institutions laïques et nous sommes loin de désirer l'uniformité des esprits, qui fut réalisée dans la mesure du possible par les institutions religieuses. Ce que nous demandons, c'est que tous les enfants apprennent à se servir de leur raison au lieu de l'annihiler devant la foi imposée, parce que nous estimons que c'est le plus sûr moyen de les avoir plus instruits et meilleurs et nous comptons bien que l'unité de méthode n'empêchera pas la diversité des tendances individuelles.

On blâme la campagne du gouvernement contre les congrégations parce que l'Eglise a triomphé de tous les obstacles et que ce sera agiter le pays sans résultat. Mais depuis quand le soldat de la vérité doit-il s'abstenir parce qu'il n'est pas sûr de vaincre? Cette prédiction dût-elle se confirmer, ce que je ne veux pas croire, que ce serait l'honneur des défenseurs de la vérité d'avoir entamé la lutte contre l'erreur.

Ce n'est malheureusement pas seulement dans nos écoles que s'exerce cette influence néfaste du spiritualisme et il est presque partout de bon ton d'être « bien pensant ». Dans la vie civile comme dans l'armée de terre ou de mer, la liberté de conscience n'existera réellement que lorsque tout le monde aura la certitude que les opinions ou les pratiques n'ont aucune influence sur la réussite ou l'avancement.

Il est toujours question de n'admettre comme fonctionnaires que les jeunes gens qui auraient fait au moins un stage dans les écoles de l'Etat pendant leurs trois dernières années. Il est bon d'insister sur les déceptions que produirait cette obligation absolument insuffisante comme garantie morale. Nous avons déjà vu combien les premières années de l'éducation de l'enfant sont importantes au point de vue de l'imprégnation et de l'habitude. Lorsqu'un jeune homme aura été nourri jusqu'à 16 ou 17 ans de la viande creuse de la religion et de la métaphysique, il sera trop tard pour lui inculquer les idées modernes et le pli sera pris. S'il fallait absolument imposer un stage, ce serait plutôt dans les jeunes années qu'il serait le plus utile de lui donner des notions scientifiques. Les ministres ont bien le droit de choisir les serviteurs qui leur offriront le plus de garanties, ce qu'il faut obtenir c'est que les fonctions publiques soient confiées à des hommes qui n'aient reçu que l'instruction laïque et l'on pourra alors espérer avoir une majorité de fonctionnaires devoués à la République.

On commence à se rendre compte que l'Etat doit être purement laïque, mais on en est encore loin et l'on continue à subventionner trois ou quatre cultes qui jouissent d'un privilège injustifiable.

Les états modernes reposent sur la famille, la liberté, l'égalité, le travail et la solidarité. Les prêtres catholiques, qui sont les plus nombreux, vivent dans le célibat, renoncent à leur liberté, ne travaillent pas et se disent d'une essence supérieure aux autres hommes. Ils abusent de la crédulité publique en prétendant avoir un pouvoir imaginaire, ce qui est interdit par le code aux autres citoyens, ils s'enrichissent par la mendicité et la captation des héritages, ils se mêlent audacieusement à la politique en calomniant ceux qui les paient, ils exercent une influence délétère et abrutissante sur les intelligences qu'ils soumettent à l'obéissance passive. Ils prétendent avoir droit à leur traitement parce que la Révolution a confisqué leurs biens, mais ces pauvres dépouillés ont su se faire depuis une assez jolie fortune immobilière et mobilière qui paraît les mettre à l'abri du besoin et ce qu'une loi a fait une autre loi peut le défaire. La propriété est respectable quand elle est le produit du travail accumulé et de l'épargne à la condition qu'elle contribue dans une juste mesure aux charges de la société. Mais celle qui a été obtenue au moyen de la mendicité, de l'accaparement et de l'extorsion par des gens insatiables, qui regorgent de richesses sous les dehors de la pauvreté. celle-la n'est pas respectable, elle a une source immorale qui délie le gouvernement de toute obligation à son égard.

Il est évident, pour tout esprit non prévenu, que les personnes qui ont renoncé à l'exercice de tous les devoirs sociaux, sont incapables de les enseigner aux autres et les prêtres catholiques étant dans ce cas, il faut se joindre à M. F. Buisson qui veut : « faire reconnaître légalement l'incompatibilité des fonctions d'enseignement avec la qualité d'ecclésiastique soit régulier, soit séculier. »

Le protestantisme, malgré sa prétention de reposer sur la liberté de l'examen, ne vaut guère mieux que les autres religions, car cette liberté est limitée au texte d'un livre qu'il faut reconnaître comme divin et ses adeptes sont d'autant plus attachés à leur religion, qu'ils considèrent qu'ils l'ont épurée de tout ce qui n'était pas vrai.

La franc-maçonnerie ne se fait pas subventionner, elle a eu le mérite de voir le danger du cléricalisme et le courage de le combattre à une époque où cela faisait courir les pires dangers et elle fut une école de solidarité. Mais par sa hiérarchie, par ses rites et par le mystère dont elle aime encore à s'entourer, c'est aussi une religion. Quelle que soit la supériorité de ses principes, là où il y a liberté de réunion, de presse et de parole, il ne me paraît plus admissible que l'on se dissimule à l'abri d'une société plus ou moins secrète. Je sais bien qu'elle est redoutée par les religions qu'elle combat et qui sont encore trop puissantes, mais si c'est une association désintéressée, n'ayant en vue que la vérité, la justice et la solidarité, il me semble qu'elle n'aura qu'à gagner à agir en plein jour comme la Ligue française de l'Enseignement, la Ligue des Droits de l'homme et l'Association nationale des Libres Penseurs de France.

L'Etat n'a pas à se faire juge entre les diverses religions, s'il en paie une il doit les payer toutes, mais tout le monde n'a pas une religion et il paraît au moins plus juste de laisser à chaque croyant le soin de payer les ministres de son culte. L'Etat purement laïque, séparé de toutes les Eglises, tel est l'un des buts qu'il est urgent de poursuivre dans l'intérêt de la justice et de la moralité.

Mais c'est surtout l'Etat enseignant qui doit être exclusivement laïque et nos enfants sortent toujours des écoles et des lycées avec les idées théologiques et métaphysiques des âges précédents. Presque toutes les découvertes scientifiques du xixe siècle et le vaste mouvement d'idées généreuses, qui le caractérise, leur restent inconnus quand le but de l'instruction devrait être de mettre tous les élèves au niveau des dernières connaissances, afin que, partant de là, les meilleurs esprits pussent faire avancer la science. Le jour où l'Université, rompant avec l'enseignement suranné de la philosophie éclectique, mettrait entre les mains de tous les lycéens l'Evolution de la morale de M. Letourneau, par exemple, l'importance de cette réforme serait incalculable pour l'avenir de la moralité.

M. le Dr Verneau s'étonne que le gouvernement soit si réfractaire aux idées nouvelles qu'il n'ait pas encore admis l'enseignement de l'anthropologie dans nos facultés. Nous le regrettons aussi mais nous savons qu'un gouvernement est le représentant des idées moyennes du plus grand nombre, en général fort ignorant du mouvement scientifique, et qu'il est obligé de les respecter pour se maintenir au pouvoir. C'est donc en agissant le plus possible, dans la mesure de nos moyens, pour répandre l'amour du vrai, combattre l'erreur et instruire les masses, que nous ferons avancer l'avènement d'un enseignement véritablement scientifique. J'aime à croire que les ouvrages des auteurs, que je citais au début de ce chapitre, ne sont pas sans influence sur les lois qui améliorent peu à peu le sort de la femme, des travailleurs, des enfants, des vieillards, de tous ceux qui ont besoin de protection.

Il faut donc insister sans se lasser pour obtenir l'enseignement d'une morale positiviste. Si l'histoire des guerres et des luttes, qui ont ensanglanté l'humanité depuis ses plus lointaines origines jusqu'à nos jours, a son intérêt pour expliquer combien ces milliers de siècles de guerre ont laissé de traces chez les modernes les plus civilisés, l'histoire de la morale ne sera pas moins instructive pour nous montrer la lente évolution des mœurs depuis le jour où quelques êtres humains se sont groupés autour d'un autre, qui leur paraissait plus rusé ou plus fort, pour se défendre contre un danger pressant, jusqu'à l'avènemet de ce large sentiment d'altruisme, dont on comprendra de plus en plus la beauté et qui ne veut pas que l'on se sente complètement heureux, tant qu'on sait qu'à côté ou loin de soi, d'autres hommes souffrent et qui ne sera jamais satisfait tant que sur la terre entière, tous les hommes ne sauront pas vivre en paix et s'aimer en frères.

Nous sommes loin de la morale chrétienne qui admet que la presque totalité des humains survivra pour souffrir des maux éternels et que les autres, les élus, se désintéressant de tous leurs frères malheureux, jouiront seuls d'une félicité sans mélange, non moins éternelle, dans la contemplation du saint esprit.

Les nations ont compris leur solidarité pour se défendre contre les épidémies, non seulement chez elles, mais encore par des mesures internationales. Des ligues se sont formées en faveur de la paix, un certain nombre de différends entre nations ont été réglés par des arbitrages, une tentative grosse de conséquences pour l'avenir, a été effectuée pour soumettre à un tribunal arbitral les différends entre les peuples, les Etats-Unis ont fait appel à ce Tribunal de La Haye pour régler une contestation avec le Mexique, l'Allemagne, l'Angleterre, l'Italie et le Vénézuela viennent de s'y soumettre et le Japon avait montré l'exemple. L'avènement au pouvoir des démocraties, qui tend à se généraliser, fera de plus en plus reculer ce fléau de la guerre, qui ruine les nations en hommes, en argent et en moralité. Il faut espérer que le sentiment de la solidarité internationale se développera de plus en plus et c'est à la science que l'humanité sera redevable de cet accroissement de la moralité.

J'aime à penser que les sciences anthropologiques ont fortement agi sur le courant qui porte les esprits vers la morale scientifique. J'ai constaté avec le plus grand plaisir que certains professeurs ont compris qu'il fallait rompre avec les idées rétrogrades et marcher de concert avec nous. Après MM. Paul Bert et Compayré, M. Albert Bayet vient de publier à l'usage de l'instruction primaire, conformément au vœu émis à Bordeaux au mois d'août 1902 par le Congrès des sociétés amicales d'instituteurs, un manuel de morale où il a supprimé « les chapitres relatifs à l'existence de Dieu et aux devoirs de l'homme envers Dieu. La morale enseignée dans ce manuel est laïque et positive, c'est-à-dire indépendante de toute confession religieuse et de tout système métaphysique sur l'inconnaissable. Elle tend à démontrer que le bonheur de chacun de nous est lié étroitement au bonheur de tous et que, pour être heureux nous-mêmes, nous devons vivre pour autrui. » La publication d'un livre scolaire où il est dit que chacun de nous a le droit d'honorer

Dieu ou de croire que Dieu n'existe pas, est un fait important auquel nous devons applaudir. Mais il ne suffit pas que le livre ait été fait, il faut qu'il soit prescrit dans toutes les écoles primaires et il faut *a fortiori* que les mêmes théories, plus larges encore puisqu'il s'agira d'esprits plus cultivés, soient formulées et professées dans les classes secondaires.

La société Condorcet a émis le vœu que la morale positive soit imposée par l'Université à toutes les écoles primaires et secondaires dépendant de l'Etat et que les examens portant exclusivement sur elle la rendent nécessaire même aux écoles libres. Mais je crains que la réglementation de l'enseignement libre ne produise aucun effet utile si ses professeurs ne sont pas animés de l'esprit laïque.

Le Congrès de la Ligue de l'Enseignement, tenu à Lyon, a établi que le devoir de l'Etat est de protéger et de sauvegarder la liberté de l'enfant par un enseignement rationnel, gratuit et laïque.

Le Congrès de la Libre pensée de Genève a formulé le vœu :
« 1° Que dans tous les pays, tous les enfants des deux sexes reçoivent dans les écoles mixtes, la même éducation rationnelle, intégrale, commune et gratuite, et 2° Que l'enseignement devienne un service public, à la condition que les maîtres soient laïques et ne puissent enseigner que la raison et la liberté. »

Enfin un mouvement d'évolution vers la paix se manifeste dans l'enseignement européen. Il est représenté en France par les deux fondatrices de la société : l'Education Pacifique : Mme Carlier et Mlle Bodin, dont le beau programme est résumé par le vœu émis dans le Congrès des Amicales, réuni à Bordeaux en 1901 et qui est ainsi conçu :

« 1° Qu'on fasse désormais une place moins grande à l'histoire bataille, enseignant de préférence aux enfants la marche de la civilisation à travers les siècles.

» 2° Au lieu d'enseigner à l'enfant un chauvinisme belliqueux, qu'on s'efforce de lui inspirer le respect du droit de quelque côté qu'il se trouve et qu'on le convainque fortement de la nécessité de remplacer les guerres barbares et ruineuses, qui ne règlent jamais définitivement un différend, par l'institution d'un tribunal d'arbitrage.

« 3° Que des tableaux représentant des scènes de carnage ne soient pas affichés sur les murs des écoles. Qu'à l'appui des leçons on montre pourtant quelques scènes véridiques de carnage, mais en les faisant suivre immédiatement des images du travail et de la paix. »

Rien n'est plus réconfortant que de pouvoir signaler ces commencements de victoire et nous devons les encourager, et les aider autant que possible, pour hâter le triomphe de la vérité sur l'erreur.

Déjà la théologie et le spiritualisme sont contraints par l'opinion d'accepter la discussion et la foi, que l'on peut discuter, est bien malade. Dans une réunion publique contradictoire, où M. F. Buisson et M. l'abbé Naudet parlaient de la morale dans l'éducation, j'ai eu la satisfaction de constater que de pareilles luttes courtoises étaient écoutées avec attention par un nombreux auditoire, ce qui est d'un bon augure pour le triomphe définitif de la raison. Le beau mouvement de diffusion scientifique et d'enseignement du peuple, qui a créé les Universités Populaires, doit aussi avoir les conséquences les plus bienfaisantes pour l'éducation morale et le réveil des consciences. Il faut donc louer sans réserve les hommes de science et de cœur, qui vont porter dans tous les milieux la bonne parole et qui finiront, il faut l'espérer, par imposer leur conviction par la force de la persuasion, la seule à laquelle il soit digne de recourir.

M. Naudet émettait la prétention de mieux connaître que les laïques les luttes et l'impuissance de l'esprit qui se débat contre les tentations de la chair, d'abord parce qu'il n'y aurait pas échappé lui-même, s'il n'avait pas eu la foi et ensuite parce qu'il a reçu les confidences de ces âmes, qu'il ne pouvait diriger vers le bien, qu'en leur parlant de Dieu. J'aurais bien voulu lui répondre que son exemple personnel ne prouve rien et que, pour les jeunes gens qui sont allés le consulter, c'étaient des croyants dont l'éducation religieuse avait eu précisément pour résultat de briser ce ressort de la volonté, que fortifie l'éducation laïque en n'imposant aucune croyance, mais en faisant constamment appel au cœur et à la raison.

Une des principales immoralités de la morale chrétienne, c'est qu'avec la confession, le croyant ne résistera pas longtemps à la tentation parce qu'il est persuadé qu'avec une simple absolution, toujours facile à obtenir, son âme redeviendra plus blanche qu'avant le crime. M. Naudet n'en parlait pas. Mais quand il affirmait que toute morale humaine a sa source dans la Bible et les Evangiles, je me rappelais ce que disait M. Emile Deschanel en 1849, dans la Liberté de penser : « Il n'y a pas une idée, pas un sentiment, pas un mot dans la morale dite chrétienne, que les philosophes n'aient exprimé et formulé avant le Christ. » Lessing disait : « Ce qu'il y a de vrai dans le christianisme n'est pas nouveau et ce qu'il y a de nouveau n'est pas vrai. »

On craint de détruire la religion, la métaphysique et leur morale avant d'avoir autre chose à mettre à leur place, mais les philosophes du XVIIe siècle ont été de grands démolisseurs et c'est grâce à eux que l'évolution des sociétés a fait un pas en avant. Il faut remplacer les anciennes croyances par une nouvelle, car l'humanité a besoin d'un idéal qui ne la trompe plus. Elle doit le trouver dans la science, c'est elle seule qui mérite un culte et ce culte c'est la sincérité et la vérité. L'idéal de la sociologie n'est pas moins beau que les autres, il se passera encore un long temps avant qu'il soit atteint et les hommes ne se mettront jamais trop tôt à l'œuvre. Faisons en sorte que l'humanité tout entière soit plus heureuse, car c'est le bonheur sur la terre qui doit remplacer le bonheur de la vie future et ce bonheur ne peut se faire qu'avec de la justice, de la solidarité et de la bonté. Il est remarquable que c'est à l'aurore de notre XXe siècle que nos gouvernants ont pour la première fois fait appel à la bonté.

Le sentiment de bienveillance, que nous ressentons à l'égard de nos semblables, s'explique par ce fait que nous faisons partie d'un même tout et que l'individu bénéficiera de ce qui sera un bien pour l'ensemble. Si l'on est porté en général à bien traiter le soldat qui a son logement chez nous, est-ce parceque ce sont des jeunes gens qui accomplissent leur devoir en se préparant à défendre leur pays ? oui peut-être, mais il est certain que ce sentiment de sympathie s'est accru depuis que tous nos enfants, eux aussi, auront à loger chez l'habitant et comme l'on souhaite qu'ils y soient bien reçus, il paraît tout naturel de les traiter de même. C'est ainsi qu'avec le service militaire obligatoire pour tous, il est probable que les députés et sénateurs qui, pour la plupart, ont des enfants, y regarderont de plus près avant de déclarer la guerre.

Mais, dit-on, l'intérêt ne peut être la base de la morale. Nous pensons, au contraire, que la satisfaction d'un besoin, d'un intérêt, doit être le mobile de nos actions sans qu'elles soient pour cela moins dignes d'éloges et que cette base sera plus vraie et plus solide. Il faut avouer franchement qu'il n'y a qu'une morale, qu'elle repose sur l'intérêt particulier de l'individu et l'intérêt général de l'espèce et que ce qui fait qu'il paraît y en avoir et qu'il y en a en effet de différentes, c'est qu'il y a des différences dans la façon de sentir et de penser ; c'est que ce qui ravira et exsultera l'un, sera pour l'autre un sujet de risée et de mépris. Il y a des esprits qui trouvent leur bonheur dans le sacrifice, comme d'autres dans la satisfaction des appétits grossiers, les uns ayant surtout des besoins intellectuels, affectueux et altruistes, les autres des besoins matériels, personnels et égoïstes.

Ces derniers sont nécessairement les plus nombreux et cela est naturel, car une société ne peut pas plus vivre sans la satisfaction des besoins matériels que l'homme, qui n'est qu'une société d'éléments vivants, ne peut vivre sans manger, ce sont donc les besoins primordiaux et nécessaires à l'existence. C'est cette majorité qui est portée à considérer comme une chose étonnante une action qui lui paraît un sacrifice parcequ'elle n'en comprend pas la cause. Ceux qui se sacrifient pour la satisfaction d'une idée, d'un sentiment ou d'une vue de l'esprit, seront toujours l'exception mais le rôle de l'éducation doit être d'augmenter le nombre de ceux chez lesquels les idées généreuses ont le pas sur les idées égoïstes. On arrive à ce résultat en montrant qu'en réalité ceux qui se dévouent à une noble cause ne sont pas moins heureux que les autres, que le bonheur qu'ils goûtent ainsi est de nature plus élevée et que cela s'explique tout naturellement par l'hérédité, le milieu et le dressage sans avoir recours à la métaphysique. Les actions qui satisfont les intelligences distinguées n'ont pas besoin d'avoir leur source, ni leur excitant dans une cause surnaturelle, elles trouvent leur récompense dans la satisfaction d'une conscience supérieure et il est mauvais de faire reposer une question, si intéressante pour l'humanité, sur un principe qui ne peut être constaté par l'expérience et que la science ne connait pas.

Pour M. A. Dumont, ni le bonheur ni la souffrance ne peuvent servir de base à la science morale. Or je pense que les hommes dans leur ensemble, n'ont jamais agi et n'agiront jamais que pour la recherche d'une satisfaction d'abord toute matérielle et sensuelle, comme c'était nécessaire au début de l'humanité, pour se nourrir, se vêtir, se défendre et vivre, puis de plus en plus intellectuelle et morale dans le sens de l'acquisition du bien être sous toutes ses formes, pour eux d'abord, puis pour leur famille, leurs enfants, leur tribu, leur peuplade, leur nation. Tout ce que l'on peut demander, c'est que cette tendance que l'on éprouve à rechercher son bonheur d'abord, puis celui des autres, s'affirme et s'étende de plus en plus pour comprendre de proche en proche sa patrie d'abord, puis les autres nations et enfin l'humanité tout entière. Je crois que cela est possible dans un avenir plus ou moins lointain et que c'est à cela qu'il faut viser, mais je ne pense pas que l'intérêt social seul, sans espoir de répercussion sur l'individu, puisse être universalisé. Il nous faudrait des individus qui fussent tous des héros et le dévouement et le sacrifice sans compensation seront, pendant bien longtemps au moins, une exception. Qu'importe cependant si l'on arrive au même résultat par la persuasion, que je crois fondée, que plus une nation sera avancée en moralité, plus il y aura de chances pour que les individus qui la composent voient s'accroître leur part de bonheur. Le fondement de cette morale sera la raison éclairée par les faits que nous révèleront notamment la sociologie et la démographie.

Pour prendre un exemple banal, il me semble que pour se garder de la gourmandise, si l'on y est porté, la crainte de l'indigestion sera plus agissante que celle de nuire à la société en compromettant sa santé. De même quand une jeune femme désire être mère, je veux qu'elle considère cette fonction comme un devoir social, mais ce sera d'abord comme devoir individuel et pour les légitimes satisfactions qu'elle espèrera de son rôle de mère, de nourrice et d'éducatrice de ses enfants, qu'elle aspirera à cette fin.

Quand toutes les femmes auront cette vertu, on n'ira pas analyser si c'est pour leur satisfaction personnelle ou pour rendre service à la société qu'elles remplissent leur devoir, les deux sentiments peuvent d'ailleurs parfaitement coexister et l'avantage qu'en retirera la société sera le même, ce qui est l'important.

Il ne me paraît pas non plus que la moralité d'un peuple puisse uniquement se baser sur l'augmentation ou la diminution de sa population, ce sera, si l'on veut, l'indice de sa moralité sexuelle, mais puisque la moralité s'apprécie d'après l'intérêt de la société, celle-ci pourrait souffrir d'une augmentation indéfinie de population ; en toutes choses, il y a une juste mesure qu'il faut tâcher d'atteindre, mais qu'il ne faut pas dépasser. La Chine a été pendant de longs siècles et est encore une nation à grande natalité, mais son inaction la fait rétrograder comme valeur.

C'est qu'en effet l'action sous toutes ses formes est un des principaux facteurs de la moralité, l'homme qui travaille est celui qui a le plus de chances pour être heureux et pour être utile à son pays. A ce point de vue il est regrettable que le fonctionnarisme prenne autant d'extension. En général le fonctionnaire n'est pas un homme actif, sa devise est de faire le moins possible, il vit attaché à son bureau, attendant que les rouages de l'administration lui apportent la matière à triturer, il n'a pas besoin d'énergie, son traitement augmentera toujours, par ancienneté, en attendant sa retraite. On parle de la routine du paysan, elle tend au moins à disparaître et elle n'est rien auprès de celle du fonctionnaire. Si j'avais un conseil à donner au gouvernement, qui parle de temps à autre de la transformation de certains officiers ministériels en nouveaux fonctionnaires de l'État, je lui dirais qu'en ôtant à ces représentants de la loi tout intérêt à la conclusion des transactions il verrait celles-ci diminuer dans une proportion qui serait désastreuse pour ses finances.

Ce que nous devons glorifier dans l'intérêt de la morale, c'est l'activité utile et c'est avec raison que M. J. Vinson félicitait M. Abel Hovelacque, pour n'avoir pas voulu se soustraire à ses devoirs sociaux, parce qu'en défendant la liberté, il défendait la cause de la science.

Mais l'utilité d'une action n'est pas toujours sa justification, elle peut être utile à une collectivité et être complètement dénuée de moralité. Pour qu'une action soit vraiment morale il faut qu'elle soit utile à l'humanité prise dans son ensemble. Que ce soit sous prétexte d'un acte de piraterie, d'une violation de frontières, d'une candidature à un trône, les civilisés ont toujours trouvé un motif, légitime en apparence, pour s'emparer par la force d'un territoire convoité pour sa richesse agricole ou minérale. Peut-on dire que la morale se trouve mieux traitée que la justice, quand on voit dans les guerres entre civilisés les villes ouvertes brûlées par les obus, sans souci des femmes, enfants, vieillards et blessés, qui sont sacrifiés? Les Anglais suivant en cela l'exemple du général Weyler, ont déporté les non combattants dans des camps dits de concentration où les épidémies causées par les privations et l'insalubrité de ces agglomérations humaines, déprimées physiquement et moralement, ont décimé ces malheureux. Ces procédés sont identiques à ceux des peuples sauvages et barbares, qui y mettent plus de franchise, qui suppriment toute une tribu sans distinction d'âge ni de sexe et qui eux aussi vont remercier leur dieu après la victoire.

J'ai été étonné de voir un publiciste (1), ordinairement mieux inspiré, applaudir à la défaite des Boers parce que ce sont des huguenots résistant à la civilisation. Mais si les protestants anglais ont fait la guerre à ces huguenots, c'était pour s'emparer de leurs mines et ce n'est pas parce que les deux belligérants avaient précédemment dépouillé les Cafres que la dernière guerre, qui peut être utile à la nation anglaise, doit être approuvée sous le rapport de la morale. Il ajoutait que la grande civilisation s'étend par la conquête et que cela fait avancer le jour où il n'y aura plus qu'un seul peuple. Mais la violence exercée sans droit n'est jamais excusable et d'ailleurs les colonies affranchies n'agissent pas autrement que la mère-patrie. Les libres Etats-Unis refoulent les Peaux Rouges au mépris des conventions jurées sur la bible et arrachent Cuba à l'Espagne sous prétexte de liberté. Je ne sais pas ce que la civilisa-

---

(1) J. Lermina.

tion a pu gagner à des conquêtes, comme celles de la Pologne ou de l'Alsace-Lorraine, mais je vois ce que la morale y a perdu.

M. Jules Cambon exprimait dernièrement de belles pensées quand il disait : « Le rôle de la diplomatie est de dégager de la conscience universelle ces principes communs que les progrès de la civilisation permettent de faire peu à peu entrer en pratique dans les relations internationales. Née il y a près de quatre siècles, du besoin qu'ont éprouvé les Etats de maintenir un certain équilibre entre eux, elle sauvegarde les intérêts des faibles et le respect des individus. Elle remplit ainsi sa vraie et haute fonction qui est d'être l'instrument de la paix et de la liberté du monde. »

En attendant que ce beau rêve se réalise, il faut au moins souhaiter que les peuples se rendent compte de l'intérêt qu'ils auraient à éviter les conflits entre eux, qui sont souvent aussi dommageables pour les vainqueurs que pour les vaincus. La guerre contre le Transvaal et l'Orange, qui aurait coûté à l'Angleterre 100.000 hommes et cinq milliards, la paix armée qui ruine l'Europe et fait ajourner toutes les réformes démocratiques, finiront peut-être par montrer aux nations le véritable intérêt qu'elles auraient à s'entendre et à vivre en paix.

M. Gaston Pâris, qui lutte si courageusement pour l'extension de l'arbitrage international, dit excellemment : « que nous devons tendre à supprimer entre les pays civilisés toutes les barrières qui maintiennent entre eux on ne sait quel esprit d'hostilité, qui est un reste de la barbarie du passé. »

Quand on a vu le beau mouvement de solidarité universelle, qui s'est affirmé en faveur des victimes de la catastrophe de la Martinique, on ne s'explique pas que cette solidarité se taise quand il s'agit de guerres, qui pourraient être évitées et qui sont plus terribles encore que tous les cataclysmes produits par les forces de la nature, à moins que les diplomates ne soient au fond ravis de voir les autres se déchirer et s'amoindrir, quand leur pays n'est pas en cause.

Au congrès international d'agriculture qui va se réunir à Rome, M. Schwerin-Lœwitz, président du conseil d'agriculture de l'empire allemand, doit proposer la création d'une sorte d'union douanière européenne pour favoriser les produits d'Europe menacés par la concurrence américaine. La crainte du déficit peut être le commencement de la sagesse. N'est-ce pas la preuve que l'intérêt doit mener à une entente internationale plus vite que n'auraient pu le faire tous les traités de morale.

M. Wyndham, ministre d'Irlande, vient de déposer à la Chambre des communes un projet de loi par lequel l'Etat anglais indemnise les landlords et devient seul propriétaire des terres de 400.000 fermiers, qui seront propriétaires des biens qu'ils cultivent en remboursant l'Etat par des annuités inférieures au fermage qu'ils payaient. On ne peut que féliciter l'Angleterre de rentrer dans la voie de la justice et du progrès.

M. A. Dumont constate que nous sommes dans un moment de crise morale parce que l'on ne croit plus à la religion et à la métaphysique et que l'on n'a pas encore fixé les règles d'une morale positiviste. Pour en établir les bases, il propose de faire une vaste enquête, dans des groupes restreints, en s'appuyant sur ce raisonnement fort simple : « Telle pratique est usitée dans telles ou telles collectivités, il en résulte tels avantages, en conséquence adoptons telles pratiques. » Mais toutes ces questions sont multiples et il faut se garder d'attribuer un résultat à une cause qui ne l'aurait pas produit. Ainsi les Bretons sont pauvres, ils sont peu instruits en général, ils sont très religieux, ils boivent beaucoup d'alcool, leur principale nourriture est le poisson et ils ont beaucoup d'enfants, ce qui est pour l'auteur la preuve par excellence de la moralité? Quel est parmi ces faits ceux qui favorisent la natalité ? Sont-ils tous agissants ou est-ce seulement l'un d'eux? Est-ce une question de race, de mœurs ou de milieu ? Il y a là un problème qui n'est pas toujours facile à résoudre, mais c'est une raison de plus pour s'y appliquer. M. Manouvrier rappelait récemment qu'heureusement les principales lois de la morale ont été découvertes depuis longtemps par l'expérience et que la morale n'est que le prolongement de l'hygiène.

En ce qui concerne l'influence des lois sur la moralisation, M. G. Hervé, dans son rapport sur le prix Bertillon, s'exprime ainsi : « M. E. Macquart met à nu l'inanité, l'impuissance, le ridicule, quand ce n'est pas l'odieuse injustice et l'extrême danger de tous les moyens législatifs prônés par des publicistes mal préparés ou par des hommes de science irréfléchis. D'une efficacité illusoire au point de vue du relèvement de la natalité, ces mesures ne pourraient manquer d'aboutir au résultat contraire par l'atteinte profonde qu'elles porteraient certainement à la richesse privée et à la fortune publique. Il n'y a qu'à s'engager dans cette voie si l'on veut développer encore un peu plus l'esprit interventionniste en créant à côté des catégories privilégiées à revenus garantis ou à primes, prélevées au nom de l'Etat sur la bourse des contribuables, des catégories nouvelles de surimposés conformément aux ingénieux mais ruineux principes de la spoliation fiscale. »

Mais plus loin M. G. Hervé félicite M. Macquart de ce qu'il reconnait que tout ce qui facilitera les mariages précoces augmentera par le fait le nombre des naissances. Or M. A. Dumont pensait que la législation a une grande influence sur la moralité et il a fait remarquer qu'une loi, réduisant à deux ans le service militaire, aurait pour résultat d'abaisser d'une année l'âge auquel les jeunes hommes pourraient se marier, ce qui amènerait une augmentation de 40 à 60.000 naissances par an et relèverait la natalité générale de 22 à 28, en chiffres ronds, par 1000 habitants. J'ajouterai que si cette loi supprime tous les privilèges actuels, comme il n'en faut pas douter, elle aura pour conséquence d'arrêter un grand nombre de vocations religieuses qui se chiffrent aujourd'hui en France par plus de 200.000, ce qui produirait encore une augmentation du nombre des mariages et des naissances.

Nos lois sont notoirement immorales en frappant les citoyens d'impôts d'autant plus élevés qu'ils ont plus d'enfants. Prenons deux familles ayant chacune un revenu égal. L'une n'a pas d'enfant et jouit tranquillement de sa fortune. L'autre a six enfants et devra, avec le même revenu, subvenir à la nourriture, entretien, éducation et établissement de ces six enfants. Les impôts indirects, qui frappent surtout les denrées alimentaires, seront considérables pour la seconde famille, qui a huit personnes à nourir. Le logement devra être aussi plus grand pour abriter huit personnes et de ce fait la contribution personnelle et mobilière sera plus lourde. Si le chef de la première famille est rentier ou fonctionnaire il n'aura pas de patente, tandis que le chef de la seconde peut y être assujetti. L'on a ainsi des charges qui, au rebours de toute justice, frappent le contribuable en raison directe du nombre de ses enfants.

Pour que les deux individus, que j'ai pris pour exemple, soient traités de façon équitable, je crois que la loi doit intervenir pour que, dans leur lutte pour l'existence, tous deux aient à peu près les mêmes moyens de réussir. Pour cela il faut qu'à mesure que les charges s'accroissent pour le second il soit proportionnellement dégrévé aux dépens de celui qui n'a pas les mêmes charges par impossibilité naturelle ou par égoïsme, ce ne sera pas comme punition, ni comme invitation à mieux faire que la première verra croître ses impôts, ce sera seulement en vertu de cette règle, qui me paraît de toute justice, que chacun doit subvenir aux besoins de l'Etat dans la proportion de ses ressources en capital et revenus et il est manifeste que celui qui a de la famille ne doit pas être, à ressources égales, autant imposé que celui qui n'a pas cette charge.

Enfin, et ici je suis d'accord avec M. G. Hervé, définissant le régime protectionniste « comme une véritable école de lâcheté publique, qui enseigne aux individus à redouter toutes les charges y compris la paternité », toutes les lois qui supprimeraient le régime de la protection, ce contre sens dans notre civilisation, qui faciliteraient la circulation des produits et abaisseraient le prix des choses nécessaires à la vie, diminueraient l'hostilité toujours latente entre les peuples, augmenteraient leur solidarité et amèneraient natalité et prospérité.

Un peuple a les lois qu'il mérite, elles sont l'expression de l'opinion dominante dans un pays de libre discussion et ces lois ne pourront être votées que lorsqu'on se sera rendu compte de l'intérêt politique, économique et moral qu'elles présentent. De meilleures habitudes formeront une meilleure opinion publique, dont la force, comme excitant et comme récompense, a été constatée par tous les moralistes. C'est sur la modification des sentiments et des mœurs qu'il faut compter pour obtenir le résultat que nous souhaitons, mais quand ces modifications se seront faites par la persuasion, elles se traduiront par des lois qui fixeront et étendront encore ces nouvelles mœurs.

IV. Ce que nous pouvons espérer de l'avenir.

Voyons maintenant quels sont les faits qui nous font bien augurer de l'avenir de la morale utilitaire.

La morale est l'indice de l'état de civilisation d'un peuple. Les grandes civilisations de l'antiquité n'ont guère connu que la royauté théocratique ; « les Grecs amoureux de l'idée vont à la métaphysique platonicienne ; les Romains de la décadence nous offrent quelques stoïciens, qui nient le mal, mais ne réagissent pas contre lui ; le moyen âge est l'époque de l'obscurantisme religieux adopté et imposé par les Barbares ; la Renaissance s'inspire des Grecs et des Romains ; la Révolution met en pratique une partie des aspirations du xviii° siècle », enfin nous avons compris que le bien de la collectivité doit se confondre avec celui de l'individu.

Après bien des luttes, des alternatives d'aspirations généreuses et de reculs regrettables, le progrès continue à s'affirmer et nous commençons à voir des essais de rénovation, de lutte plus sérieuse contre l'éternel ennemi de la lumière et de la justice, des tendances vers une morale plus sociale, plus humaine, plus juste, plus générale. Un fait particulier, l'affaire Dreyfus, a fait surgir une Ligue pour la défense des droits de l'homme et du citoyen, qui s'occupe de toutes les atteintes portées aux droits de l'humanité chez tous les peuples. Le congrès de La Haye essaie de remplacer les guerres fratricides par l'arbitrage, celui de Genève défend les droits de la raison et l'on a fondé une Ligue de la Paix par le Droit.

On voit poindre une ère meilleure, le monde entier s'émeut de la mort de notre grand romancier naturaliste Emile Zola, qui joignit à un talent caractérisé par la sympathie pour les humbles, le courage civique qui sut flétrir l'injustice et proclamer la vérité. On se passionne pour des idées et pour des pratiques plus humaines, on cherche à arracher l'enfance aux pères de famille indignes, on s'efforce enfin sérieusement de laïciser les écoles, on travaille à l'émancipation matérielle et intellectuelle des travailleurs, le droit à l'assistance va être reconnu pour les vieillards et les infirmes, on a rétabli le divorce, on discute les droits de la femme, la chose jugée n'est plus intangible et l'on révise les procès des forçats innocents, on veut réformer le code militaire, ou, ce qui est mieux, le supprimer en temps de paix, on va établir l'égalité de l'impôt du sang et on agite la question de l'abolition de la peine de mort. C'est l'aurore de temps nouveaux, qui ne se feront pas sans luttes, encore sanglantes peut-être, mais qui doivent faire espérer un avenir meilleur et une humanité plus heureuse. Nous devons tous y travailler dans la mesure de nos forces.

L'importance de l'habitude chez l'homme et surtout chez l'enfant nous fait considérer comme une des premières nécessités de soustraire l'enfant à l'éducation théologique et métaphysique, qui n'en est qu'un diminutif. Toutes deux reposent sur la morale imposée par un être supérieur incorporel et incompréhensible et suppriment le raisonnement, la délibération, l'action intelligente.

Nous condamnerons aussi, pour l'enfant, la culture exagérée de l'imagination, qui altère le goût du vrai, les contes, qui l'amusent, mais qui le préparent à croire aux mystères des religions. Une conjuration de tout ce qui peut nuire au développement de la raison assiège les jeunes intelligences aussitôt qu'elles s'éveillent et cherchent à comprendre. Nous subissons toujours les conséquences de l'entente séculaire des rois et des prêtres ; ils savaient par expérience, qu'en laissant aux religieux le soin de former l'esprit des jeunes générations, ils se préparaient des peuples d'esclaves soumis par crainte et par habitude. Il ne leur restait plus qu'à supprimer les quelques esprits d'élite, qui auraient des velléités de révolte et c'est ce que ni les monarchies ni les clergés n'ont cessé de faire depuis des milliers de siècles.

La moralité qu'a produit cette alliance, nous en avons vu les résultats, cette sanction de l'au-delà, que l'on dit indispensable, elle a toujours été prônée et l'on ne voit pas ce qu'elle a produit de bon. On peut dire, en retournant la formule d'un académicien, que la théologie et la métaphysique ont fait faillite. Il semble que le temps soit venu de s'adresser à la raison et à la science et je ne doute pas qu'elles ne produisent de meilleurs résultats. Lorsque la morale sera assise sur cette base solide, on ne craindra plus de la voir sombrer avec les croyances religieuses quand celles-ci auront disparu devant la réflexion.

Dans l'ensemble de l'humanité, le progrès est incontestable, il s'est affirmé malgré toutes les entraves au milieu desquelles il a eu à se débattre, malgré la mainmise cléricale sur les intelligences à toutes les époques de la vie humaine, malgré les hécatombes civiles et religieuses, malgré les gibets, malgré les bûchers, malgré les pilons et les piloris. Par l'exagération même de la contrainte et de la répression et par l'inanité des dogmes imposés, la révolte des opprimés a conservé ce ressort d'indignation, qui fait les révolutions et qui a forcé les oppresseurs à compter avec les opprimés.

Ces luttes ont toujours fauché des vies humaines, la force seule a fait le droit jusqu'à ce jour. Les élans généreux qui se multiplient, peuvent nous faire espérer que, dans un avenir plus ou moins lointain, ces révolutions pourront être remplacées par des évolutions pacifiques. Grâce à la constitution des sciences positives contemporaines, grâce aux esprits d'élite qui se consacrent à l'instruction et à l'éducation des enfants et des adultes, pour faire comprendre aux peuples les droits et les devoirs qui les conduiront, par une solidarité raisonnée à plus de justice et à plus de bonheur, nous pouvons espérer que le siècle, qui commence par un travail un peu confus, mais fécond, verra l'enfantement d'une humanité meilleure. Pour répéter un mot célèbre : « nos enfants verront de belles choses ».

Déjà dans l'enseignement, dans les assemblées politiques, nous voyons surgir des programmes de laïcité, nous assistons à des efforts de justice, d'humanité et de moralité, qui se traduisent par des projets et aussi par des lois qui ne sont pas la perfection, elle ne sera jamais atteinte parce que la transformation inévitable amènera toujours de nouveaux besoins, mais qui sont une démonstration évidente de la marche vers le mieux. Et puisqu'on a pu dire, ce que je conteste, que l'égalité ne peut régner qu'entre gens de même culture, c'est un nouveau motif pour répandre à profusion l'instruction laïque, de façon à ce qu'aucun membre de la société n'en soit privé.

Les transformations sont d'autant plus solides qu'elles ont été plus lentes, mais que l'éducation et l'instruction de l'enfant soient seulement soustraites à l'influence théologique et métaphysique et l'on sera étonné de la rapidité avec laquelle l'amélioration morale pourra se produire au bout d'un nombre relativement restreint de générations.

Pour obtenir ce résultat, il faut le vouloir, il faut convaincre les masses de l'utilité et de l'efficacité de cette réforme, il faut agir par la plume, par la parole, par l'exemple surtout, pour répandre les idées sur lesquelles nous comptons pour avancer l'émancipation et le bonheur du plus grand nombre.

La base de la morale fondée sur l'intérêt démontré par la sociologie sera autrement solide que les idées religieuses et métaphysiques, qui disparaissent de plus en plus pour n'en laisser que l'apparence atavique, immorale et dangereuse. Quand la vertu se pratiquera sans effort, sans sacrifice, elle n'en sera que plus solide et plus fréquente chez l'individu et dans la société, et cela nous suffit.

Le jour où l'honnêteté serait assez répandue pour qu'une chose promise fut toujours tenue, le mariage conçu comme tout autre contrat, mais non l'amour libre, serait aussi acceptable que la famille constituée sous la garantie solennelle de l'Etat et de l'Eglise En fait, les époux qui vivent fidèles l'un à l'autre et qui forment la grande majorité, quoiqu'en disent les romanciers et dramaturges, le font surtout par honnêteté naturelle. Il y entre, comme en toutes choses, une question d'intérêt, qui confirme notre règle ; les époux y trouvent la satisfaction de leurs sentiments d'affection réciproque, ils évitent la crainte des représailles, les procès et ce qu'on appelle le déshonneur, qui troubleraient leur tranquillité. Enfin ils travaillent tous deux à élever de leur mieux les enfants, ce qui est l'un des buts de leur union ; ils commencent par aimer les petits et espèrent en être aimés et parfois aidés dans leur vieillesse. La promesse devant le maire, qui produit un lien que le divorce peut rompre, ou le serment devant le prêtre qui se remet à prix d'argent en cour de Rome, ne sont pour rien dans la fidélité conjugale et je plaindrais ceux qui n'auraient que ce billet comme garantie de leur bonheur. En effet beaucoup de ceux qui sont passés par la mairie et par l'Eglise ne respectent pas ces engagements solennels, tandis que beaucoup de ménages libres ignorent les infidélités. Je ne crois pas que nous soyons en général assez émancipés et moralisés pour que cette union qui devrait d'ailleurs être toujours constatée par la société, doive s'établir prochainement, mais il est permis de l'envisager sans effroi dans un avenir plus ou moins lointain.

Quand on aura bien fait comprendre les véritables intérêts de nos actions, la morale sera appelée à se développer d'autant plus vite que ses mobiles sont en parfaite conformité avec la nature humaine et que les motifs de nos bonnes actions nous seront pleinement justifiés. Et comme l'imitation est heureusement une des tendances les plus actives de notre nature, plus nous aurons orienté de personnes vers une moralité supérieure, plus nous serons appelés à voir s'étendre, par la contagion du bon exemple, le nombre des personnes qui, ayant joui de la satisfaction du bien accompli, voudront procurer à leurs enfants cette élévation de sentiments et de pensées qui leur fera désirer d'en accomplir toujours davantage. C'est ainsi que s'étendra le nombre de ceux qui, sans négliger la satisfaction des besoins sensitifs, dont l'abus seul est condamnable, parce qu'en détruisant l'harmonie, il amène la maladie et la souffrance, mettront au-dessus la satisfaction d'avoir fait le bien en se livrant au travail qui est le moralisateur par excellence, en élevant la femme dont la situation dans la société donne la mesure d'une civilisation, en ayant une famille pour en faire des citoyens instruits et libres, en soignant les malades et les vieillards, en poursuivant les études scientifiques, en diminuant les souffrances sociales, en rapprochant les hommes et en rendant de plus en plus rares leurs causes de conflit.

Tout ce qui diminuera les clergés, qui ne peuvent vivre que de réaction et d'obscurantisme et qui considèrent le travail comme une punition, avancera l'avènement d'une civilisation scientifique. Les religions tuent la liberté, l'intelligence, l'activité utile, la bonté. La science découvre à la raison des points de vue nouveaux à l'infini, elle satisfait au désir de tout homme de savoir le plus possible, de se rendre compte de la réalité des choses ; elle donne l'espoir d'une organisation plus rationnelle, elle étend le bonheur de l'humanité, la rend meilleure à mesure qu'elle fait tomber les illusions et elle nous procure la joie la plus pure dont puisse jouir un esprit élevé et sincère, celle de ne plus douter d'un progrès indéfini, dont nos descendants, au moins, devront profiter et de penser que ce but se rapproche de plus en plus à mesure qu'un plus grand nombre d'esprits, dans le monde entier, sera gagné aux idées positives, rationnelles et scientifiques.

La profonde impression que laisse chez les mieux doués l'éducation religieuse et spiritualiste vient encore de s'affirmer à la chambre par cette déclaration de M. Combes : « Notre société ne peut pas se contenter des simples idées morales telles qu'on les donne actuellement dans l'enseignement superficiel et borné de nos écoles primaires. Nous considérons, en ce moment, les idées morales telles que les églises les donnent — et elles sont les seules à les donner en dehors de l'école primaire — comme des idées nécessaires. »

La belle réponse que lui a faite M. F. Buisson serait à rappeler tout entière, bornons-nous à en citer ces parties essentielles :

« Nous mesurons l'action profonde de ce nouvel enseignement moral, pratique, modeste, simple, mais d'autant plus efficace, qu'il pénètre par l'enfance au cœur des populations. Il ne se traduit pas par de bruyantes manifestations, par des actes de dévotion, par des déclamations retentissantes, mais il porte au sein de la famille, plus avant que n'a jamais pu le faire aucun catéchisme, la claire notion du devoir, les idées de justice et de bonté, l'habitude de la réflexion, la culture de la conscience, l'amour du travail, le sentiment des droits de l'homme et de la dignité humaine et enfin le véritable patriotisme, celui qui n'éclate pas en mots sonores, mais qui se traduit en actes de calme fidélité au devoir.

« Non, nous n'admettons pas que pour donner à l'homme, à l'enfant, à la femme, au peuple, un éducation normale et complète, il soit nécessaire d'y ajouter la sanction religieuse.

« Les républicains qui ont fondé l'école laïque l'ont fondée sur cette conviction, sur cette certitude qu'elle est en état de donner à la jeunesse de notre temps et de notre pays tout ce que la civilisation humaine nous a transmis de bon, de noble, de grand, tout ce qu'il y a jamais eu de vrai et de beau soit dans les religions, soit dans les philosophies, soit dans tous les autres legs du passé, sans oublier les résultats du progrès matériel et économique. C'est de tous ces trésors humains accumulés qu'est faite notre éducation morale laïque. »

Dans une magnifique vision de haute moralité, M. le Dr Pinard évoque une société nouvelle où règnerait un tel respect de l'enfant qu'il n'y aurait plus de dégénérés, d'aveugles, ni de déments, parce que ce ne serait plus le hasard, mais la volonté réfléchie d'époux bien portants, qui seule présiderait à cette fonction éminemment sociale de la procréation d'enfants sains, et c'est ce qu'il appelle si heureusement la nouvelle religion de l'humanité.

Si je n'ai pas donné les lois de la morale, c'est que nous n'avons pas besoin de nouvelle doctrine et que la méthode d'expérience et d'observation remplacera avantageusement tous les dogmes. Je rappellerai avec M. Yves Guyot que le progrès moral consiste dans la substitution des décisions personnelles aux actes coutumiers, dans la prédominance de l'intelligence sur l'instinct et que, selon le principe qu'il a formulé : « Le progrès est en raison inverse de l'action coercitive de l'homme sur l'homme et en raison directe de l'action de l'homme sur les choses. »

Cette confiance dans l'avenir d'une solidarité humaine progressive et universelle, le bonheur de chacun s'augmentant du bonheur de tous, n'est-elle pas cent fois plus belle et plus réconfortante que ce vague espoir d'une récompense qu'on ne définit pas, dans un lieu que l'on ne détermine pas, auprès d'un Dieu dont on ne peut prouver l'existence et qui, s'il existe et est tout puissant, a permis tant d'injustices et tant de crimes, que toute conscience morale ne peut désirer faire sa connaissance.

Le but de la morale positive, c'est le salut social. Quand l'élévation morale de l'homme fait qu'il ignore même la tentation de faire le mal, il y a là pour les sociétés une garantie qu'aucune religion, aucune théorie métaphysique ne peut donner à un si haut degré. Je m'étonne que Voltaire, avec beaucoup d'autres, ait pu dire qu'il faut une religion pour le peuple, nous avons fait du chemin depuis, nous avons une autre conception de ses besoins, nous pensons que précisément parce qu'il aura moins de loisirs que les classes aisées pour étudier et se faire une opinion personnelle, jamais on ne l'instruira trop tôt, jamais on ne le défendra assez contre des erreurs qui sont encore si tenaces, jamais on ne lui apprendra trop tôt à penser juste, ce qu'il faut à tout le monde c'est uniquement la vérité.

La diffusion de la morale positive et scientifique, à laquelle nous aspirons pour le bonheur de tous, nous donnera non pas des saints, dont nous n'avons que faire, mais quelques héros comme il y en a toujours eu, et surtout une majorité de braves gens, ce qui est l'essentiel.

Documents manquants (pages, cahiers...)
NF Z 43-120-13

www.ingramcontent.com/pod-product-compliance
Lightning Source LLC
LaVergne TN
LVHW051509090426
835512LV00010B/2426